JN130781

アイデアは捨てるとうまくいく

堀宏史 著

宣伝会議

創造は捨てることから始まる

最近、企画の現場では「企画にいろんなことを詰め込みすぎてアイデアがつまらない」「情報が多すぎて何を信じて企画すればいいのか分からない」「デジタル時代の生活者に何が効くか分からない」「企画やアイデアが『優等生』すぎて生活者に刺さらない」といった声をよく聞きます。みなさんには、そんな経験はありませんか？

スマートフォンやＳＮＳの普及によって、世の中には個人では処理できないほどの情報があふれ、「検索結果の何を信じればいいのか分からない」「ＳＮＳは本当に信頼できるのか？」「私たちの考えている課題は本当に正しいのか？」「生活者のニーズは本当にそこにあるのか？」といった悩みも尽きません。

そんな時はいろんなものを「捨てて」みましょう。

この本では、余計なものや思い込みを捨てることによってアイデアを生み出すという、デジタル時代に必要とされながらこれまでになかった「捨てる」アイデア発想法をご紹介します。

あなたの持つ「常識」「思い込み」を見直して、新しい発想のヒントを得るきっかけになればと思います。

アイデアは「捨てる」ことから生まれる

アイデアを考えるということは実際にはどんな作業があるのでしょうか？

ある課題に対する解決法を生み出そうとすると、まずはいろいろな情報を集めて、それをベースに自分の中で具体的なアイデアを考える。そんなイメージを持つ人が多いですね。

もちろん、情報収集やアイデアを発想するというタスクはアイデア開発の大事なパートではあるものの、よくよくアイデア開発のプロセスを見ていくと、実際には多くのアイデアの中からどういったアイデアを「残していくか」というタスクがあるのに気がつきます。

アイデアは最終的にはひとつのアイデアに収斂していくと考えると、例えばアイデアが100案あったとしても、99案はボツになるのです。もちろんボツのアイデアの中のエッセンスを取り上げて、最終案に残していくということも考えられますが、いずれにしても残るのは1案です。

それではこの1案はどうやって選ばれていくのでしょうか？

どういった基準で選んでどういった案を残すのか、考えてみれば簡単な作業ではないですね。実は、このボツ案を「捨てる」作業こそがアイデア開発において重要な意味を持ってくるのです。

何を残すか、つまり何を捨てるのかというプロセスこそがとても大事で、「アイデアを生み出す」ということは「アイデアを捨て続けていく」ことと同義なのです。

最近ではＡＩ（人工知能）がいろんな分野に進出していて、これまでは人間の専売特許であったクリエイティブの領域までＡＩが活用されるようになってきました。ＡＩは疲れを知らないということもあり、数秒間で何百案・何千案も一気にアイデアを開発することができると言います。このように確かにＡＩはなんでも考えられますが、ではどうやって無数のアイデアの中からひとつのアイデアを選べるのでしょうか。ＡＩの場合はさまざまな事例をデータベースとして「評価関数」を形成し、その関数にしたがってひとつの答えを導き出すのですが、翻って人間の脳がどのアイデアを捨て、どのアイデアを残しているのかについてはまだまだ未知数な部分が多く、こういった最終的なディレクションについては人間の「直感力」が活用できる可能性もまだ残されているのではないでしょうか。

ただし、人間は何かを「捨てる」ということについては、自分の心の中でうまくコントロールできないことも多いのは事実です。世の中にこれだけ「整理術」の情報があふれているのにもかかわらず、いまだにいろんなものを捨てられずに苦しんでいる人は多いようですし、やはり一度自分のものになったものを「捨てる」のは大きな心理的抵抗があるようです。

アイデア開発においても、最初に浮かんだアイデアを「これだ！」と思ってしまい、そのアイデアを捨てられず他のアイデアを過小評価したり、それ以後のアイデア開発へのモチベーションが下がってしまうということもあります。

そういった時はまず「最初に浮かんだアイデアはまず一回捨てる」ということを

ルールにしてしまうのもひとつのやり方です。そして、その後いろんなアイデアを検討した結果、最初の案に戻るのはかまいません。最初の案だけに固執してアイデアの幅が出ないようであれば、そんな案は捨ててしまった方がいいのです。

本書では、より良いアイデアを発想するために、これまで当たり前と思われてきた考え方を「捨てる」ことで飛躍的にアイデアの幅を広げていく方法をお伝えしていきます。

「話題」を見つける、「情報」を集める、「企画」を立てる、「実現」する、の4パートに分け、私が実践するアイデア発想法の中でも、すぐに取り入れられるものを集めました。パラパラとめくりながら、興味のあるところからぜひ試してみてください。

目次

第3章 「企画」を立てる ～「捨てる」ことでアイデアは広がる～ 93

第1章

「課題」を見つける

～本当の課題の探し方～

「オリエン」を捨てよう

あなたの前には一枚のペーパーがあります。そこには今回の仕事の概要と、期待される成果が書かれています。そして、その成果をもたらすことができるアイデアの提案が求められています。このペーパーが広告・マーケティング業界では一般に「オリエンシート」と呼ばれるものです。そして、このペーパーをもとにして生活者に届くアイデアやキャンペーンを考えて提案します。時には他の会社との競合であったり、1社だけの指名だったりしますが、いずれにしても与えられた「与件」をベースに仮説を考え、具体的なアイデア開発へと進んでいくのです。

この段階を「オリエン」と呼びます。これは、呼び方はいろいろあるものの、広告・マーケティング領域に限らず仕事を始めるにあたって多くの企業で行われているプロセスだと思います。

この「オリエン」が昔に比べると少し状況が変わってきています。マーケティング活動で向き合うべき「そもそもの課題」が設定しづらくなってきているのです。

現代はデジタル化やソーシャル化、グローバル化の波に飲まれて、生活者の価値観が多様化していて、そもそもの課題が見つけづらい時代です。多くの会社やブランドも環境の激変に悩み、正しい問いを立てるのが難しい時代となってきているのです。

昨日信じられていた常識が一夜にして変わり、SNSで増幅されていく時代。そんな時代には、ある一時点での状況を分析して一枚の紙にするにはあまりにも難しくなってきているのです。では、どのように問いを立てればいいのでしょうか。

そんな時は一度「オリエン」を捨ててみましょう。

オリエンというのは、企業が企業に対して行うもので、往々にして生活者の視点が抜け落ちてしまいます。そして、知らず知らずのうちに対企業の文法で仕事をしてしまいがちなのです。

オリエンシートに書かれたブランドからの目線ではなく、一度生活者の気持ちになって問いを立ててみることです。ターゲットとなる人々の生活をイメージしてみて（時には実際にそこに行ってみて）、その中にブランドを置いてみるとどう感じるのか。その感覚を大事にしてみましょう。

そうすると、そのブランドとの関係以外にも生活者のまわりにはいろんな状況があることが体感できます。例えば、オリエンの場では競合商品が設定されることがよくあります。しかし、生活者の視点に立てば、何か高額な商品を買おうとする際の競合商品は同じ領域の商品だけでなく、他の領域の商品も競合になってくることが理解できるのではないでしょうか。つまり自分のお財布はひとつと考えると、自動車を買うか、携帯電話を買うか、美味しいご飯を食べるかは、すべて同じ一線上の判断になってくるということです。

同様に、生活者から見れば商品を買う理由は、オリエンでの訴求ポイントだけではなく、自分が買ったもの、買おうとしているものをSNSにアップすることが大きな原動力となることも実感できるのではないでしょうか。いわゆる「インスタ映え」に代表される「SNSでのアピールのための消費行動」です。

こういったリアルなターゲットの気持ち（インサイト）をイメージした上でオリエンに立ち戻ると、これまで気がつかなかった新しい視点が得られます。

オリエンを受け取っても、ターゲット像やインサイトが浮かばない時には、一度オリエンを捨ててリアルなターゲットを自分の中に描き出してみましょう。

捨てる格言

会社ではなく、生活者の気持ちになってみよう

「目標」を捨てよう

最近ではさまざまなことが計測可能になったため、いろんな「目標」を立ててそれをキチンとトラッキングして、修正しながら仕事を進めていこうという流れが中心になってきています。一般にはPDCA（Plan-Do-Check-Action）と呼ばれるこの目標管理システム自体は悪いことではありません。しかし、この「目標管理」ということ自体があまりにも進みすぎているため、さまざまな弊害が出てきているのではないでしょうか。

「今回のプロジェクトのゴールはシェアNo.1になることだ」という「目標」を設定したときに、それ自体が「目的」と考えることがあります。しかし、これは大きな間違いです。

目標とはあくまでも目的を達成するためのステップにすぎません。目的というゴールにたどり着くために必要な行動やその過程を数値で示したものが目標なのです。つまり、目的があってはじめて目標が意味を持つのです。

この場合で言えば、例えば「人々の生活を豊かにする」という目的（ゴール）があって、その上で「そのためにシェアNo.1を目指す」という目標があるべきなのです。

このように、「目的」は抽象的なものを設定し、「目標」は具体的なものを設定すべきであり、そうすることによってより具体的なアクションやアイデアに落とし込むことが可能になるのです。

しかし、どうしても自分の部署の利益や取引先などのステークホルダーの立場をベースに考えてしまうために、共通で分かりやすい「目標」が「目的化」してしまうのです。

こういった時は一度、「具体的な目標」を捨ててみましょう。

そして、そのプロダクトやサービスがもたらすベネフィットを生活者やコミュニティの立場で考えてみるのです。そうすることで、企業やブランド側からの「目標」を生活価値に基づいた「ベネフィット」に価値転換することのきっかけがつかめるのです。

このプロセスなしにアイデア開発に進んでしまうと、どうしてもその目標を達成するための本末転倒なアイデアになってしまうのです。

例えば、ある動画を100万回再生することを目標にしたとしましょう。目標を設定することと自体はいいのですが、その目標を達成するために、ブランドがもたらす価値と相反するようなアイデアで再生回数を達成したとしても、それは本来のブランドのもたらす世界観を毀損してしまうことにしかならないのです。

こういった場合はやはり、一度「目的」に立ち戻って、本来もたらされるべきプロダクトやサービスの価値を本当に体現しているのか、といったフィルターで考えてみる必要があるということなのです。

目的を達成することを目指していけば自然と目標は定まってきます。いつも「目標」よりも一段高い「目的」の視点を大事にしていきましょう。

捨てる格言

「目標」ではなく「目的」

「ターゲット」を捨てよう

マーケティング戦略の立案プロセスには「セグメンテーション」「ターゲティング」があり、その上で「ポジショニング」があるとされています。つまり、生活者全体の中からターゲットを絞って（ターゲットセグメンテーションして）、それをベースにアクションをしていくという考え方です。

では、どうやってターゲットをセグメントするのでしょうか？

まずは「20-30代女性」などのように、性別や年代別などのデモグラフィックからスタートして興味関心や趣味などでさらにセグメントしていくのが一般的だと思います。

ただ、スマホとソーシャルメディアの時代になり、生活者に場所や時間の制約がなくなり、どこにいても自由に自分の意見やコメントを発信していくようになると、こういった伝統的なセグメンテーションがしっくりこないことも多くなったように感じています。

そんな時は思い切って「ターゲットセグメンテーション」という考え方から一度離れてみましょう。

「マーケティングの神様」とも称される経営学者のフィリップ・コトラーは、「マーケティングの役割とは、たえず変化する人々のニーズを収益機会に転化することだ」と説明しています。つまり、人々のニーズは変化するものであり、そのリアルなニーズをつかむことこそが企業やブランドの収益につながるという考え方です。

ここで大事なのは「人々のニーズは変化する」という点です。

つまり、事前の調査で見つかったターゲットのインサイトだけでは、変化していく時代のダイナミズムをつかみきれていない場合があるかもしれないのです。例えば、昔のヒット曲がふとしたことで新しい若者向けのSNSで人気になり、そのことがきっかけになりそのアーティストが若者に人気になるということもあります。この時に事前の調査でアーティストの人気をいくら調べていてもこのトレンドはつかめなかったかもしれません。

何でもデータで測れる時代だからこそ、先にターゲットをセグメンテーションしてしまうのではなく、逆に「ターゲットは大きくしておいて」その広いターゲットに対して施策をぶつけてみて「その反応を見ながら」リアルなターゲットを縛り込んでいくという新しいマーケティングのプロセスも可能になってきているのではないでしょうか。

これまでの考え方では生活者全体の中からターゲットを絞って、そのターゲットに刺さる（であろう）最大公約数的な施策をぶつけてきたのですが、日々変化する状況の中では本当のターゲットはそこだけではないかもしれないのです。もしかするとデモグラフィックではなく、それぞれのトライブ（共通の興味関心を持つ集団）別の属性や考え方でつながっているのかもしれません。こういった時代においては、全体に向けて施策を当てて反応を見ながら効率化することもひとつの方法なのです。

ターゲットセグメンテーションを捨てて新しいターゲットを探してみましょう。

捨てる格言

ターゲットは広く、施策は狭く

「成功体験」を捨てよう

「成功体験」というのは、なかなか魅力的なもので、何かの課題にぶち当たった時についい「昔こんな仕事があって、その時はこんな風に課題を解決したんだよね」「それって昔のこの仕事に似ているからこうしたら？」といったように、過去の成功体験をベースに新しい課題に向かおうとしてしまいます。

もちろん、その当時と状況は違いますし、サービスやプロダクトの競合環境、メディア環境や生活者の意識も変わってきています。何より、デジタル・ソーシャルの普及で生活が大きく変わり、これまでのやり方が通用しなくなっているのが現在なのです。

とはいえ人間はどうしても自分が経験したものの中で判断しようとしてしまいます。

これは、人間の感情システムが過去に学んだことから学習するようにデザインされているためと言われていて、人間にとってはごく自然な感情です。

しかし、これが本当の課題とそれを解決するアイデアを考えるにあたって最大のハードルになってくるのです。

だからこそ、一度「成功体験」を捨てましょう。

過去の成功体験を捨て、新しい生活者の目で課題を直視してみましょう。そうすることによってはじめて、過去の事例とは違った要素が多いことに気がつくのです。前提条件が変わった時には、常識を疑い・新しい視点を持つことが必要なのです。

実際のところ私たちは変化が嫌いです。なんだかんだいっても、これまでのやり方を無意識に選んでしまうものなのです。だからこそ、常に「成功体験を捨てる」「過去のやり方とは違うやり方を選ぶ」ということを自分に課す必要があるのです。

また、過去の体験との違いに注目することによって、新しいアイデアのシーズを発見することもあります。例えば、「スマホ時代になって人々はスキマ時間にＳＮＳやＹｏｕＴｕｂｅなどのコンテンツに触れるようになっている」という点に注目すれば「ちょっとしたコンテンツ」の重要性に気がつき、これまでに成功したビッグクリエイティブではなくて、それぞれのスキマ時間の気分やモーメントにあわせたコンテンツ設計が可能になってくるかもしれません。

このように、デジタル時代ならではの生活者のインサイトやトレンドを見ていくと、おのずと新しい成功の方程式が見えてきます。

また、逆にもっと昔の成功事例などを紐解いて、その事例に現在のデジタルテクノロジーやプラットフォームを掛け合わせると、そこから新しいアイデアが生まれるかもしれません。

過去の成功体験に縛られてしまうと、どうしてもアイデアの幅が狭くなります。それはどうしても「失敗したくない」という気持ちが先に立ち、新しいチャレンジに尻込みしてしまうからなのです。しかし、同じフレームワークが通用し続けるほど世の中は甘くないのが現実です。先が見えない時代だからこそ、過去のやり方を一度横に置いてみて、新しい方法論を探す旅に出てみましょう。

捨てる格言

過去の成功体験よりも、新しい視点を持とう

「建前」を捨てよう

生活者の今のニーズを知りたいといった時に、最近ではSNSでの生の声を聞くためにソーシャルリスニングを活用する場合も多いですね。確かにSNSにはリアルな生活者の声が大量にあふれていて、示唆に富んだファインディングスにつながるようになりました。

ただ、SNSを使う方は、自分の投稿を考えてみてください。

自分がどういう風に見えるかといった気遣いや、SNSでつながっているいろんな人たちの関係性、また社会人としてのコンプライアンス意識などを考えると、匿名アカウント以外ではSNSでもなかなか本音は言えないのが現実ではないでしょうか。

そんなちょっと窮屈な現代において、どうやったら生活者の本音、ニーズが探れるのでしょうか。

そのヒントは「インスタ映え」という現象の中にあります。

モバイル・ソーシャル時代のデジタル化した生活者（自分たちも含めて）は、「何かを欲しいから買う」「何かを食べたいから食べる」「どこかに行きたいから行く」ということ以上に、「こう見られたいからこれを買う・食べる・行く」という風に、目的と手段の主従が逆転しているのです。

ですので、「○○を買いたい（買った）」、「△△のサービスを使いたい（使った）」という発言の裏に隠されている「自分は周りからこう見られたい」という真のニーズに気がつくかどうかが正しいニーズの把握には必要となってきます。

最近では自撮りでさりげなく撮った（と思わせるような）写真の中に、本当にアピールしたいファッションやアイテム、ガジェットなどを映り込ませるといったように、こういったアピールも非常に手が込んできており、リアルなニーズやインサイトを探るには、表面ではなくその裏にあるコンテキストをしっかりと読み解く必要があります。

さらに、私たちはデジタル時代ならではのさまざまな制約に縛られ、日頃から抑制された生活を送っているために、SNSでの表現だけでなく、自分の欲望・ニーズ自体も抑制する傾向があります。つまり、多くの生活者が、自身が持っている潜在的なニーズに気がついていないのです。こういった隠されたニーズに対応したプロダクトやマーケティング手法は思った以上に多くの支持を集めます。例えば、身の回りのものをモバイルアプリで簡単に一品から預けられるサービスなどは「狭い部屋をスッキリさせたい」という隠されたニーズにぴったりとハマり大ヒットしています。また、同じようなインサイトにプラスして「少し得したい」というニーズに応えるように、こういった身の回りのものを簡単にCtoCで売買できるフリマアプリなども一気に市民権を得ました。

こういったニーズやインサイトも、SNSの表現の裏側を想像することによって今まで気がつかなかった視点を持つことも可能です。建前の裏に隠された潜在ニーズを知ることが、ブランドの将来のユーザーやファンを獲得することにつながっていくのです。建前のニーズを探ることをいったん捨てて、本音のニーズを見つけましょう。

捨てる格言

ＳＮＳの建前の裏に隠された本音がある

「インプット」を捨てよう

「最近自分のアウトプットが面白くない」「自分のアイデアに自信がない」「本当にこのアイデアが生活者に刺さるのか自信がない」そんな感覚はありませんか？

こんな風にあなたのアウトプットがうまくいかない時は「情報のインプット」を疑ってみましょう。

スマホでいつでも好きな時にいろんな情報にアクセスできるので、自分では最新の情報を得ているつもりでも、実際にはあなたが好きな人の情報だけをフォローしていたり、いろんなサイトにアクセスしても、あなたに最適な情報がレコメンドされていたり、実は意外と狭い・偏った情報のみに触れている可能性が大きいのです。

ちょっと違う趣味・嗜好を持ったグループや違う年代や性別の人たちの情報に触れ

るのは、逆に難しい時代になってきたとも言えます。試しに、あなたの親や友人、子供や親戚などまったく違った種類の人たちのスマホを借りて、同じサイトやアプリを見てみてください。あなたが普段見ているのとはまったく違ったタイムラインが流れていることに驚くと思います。

そういう時は今までのインプットを捨てて、新しいインプットを試してみましょう。

知的好奇心を刺激する新しい情報を積極的に取り入れているか、新しいジャンルにチャレンジしているか。最近のインプットを見直してみるとアウトプットの質も変わってきます。

例えば、ツイッターやインスタグラムなどのSNSで、自分とはほとんど接点のない人たちをフォローしてみてはどうでしょうか。実際、僕も自分の属性や趣味領域とは違う高校生や大学生、女性のファッションやメイクアップのインフルエンサーなどいろんな種類の人たちをフォローして、自分の関心領域とは違う人たちの興味領域に普段から触れるようにしています。そうすることによって、違うコンテンツやトレンド、言葉をリアルな感覚で自分の中に取り入れることができるのです。

また、コンビニや本屋でも同様に自分の興味以外の分野の情報に触れるのもオススメです。自分のモードをちょっと変えてみて、普段近寄らないジャンルの本棚を眺めてみましょう。最初はちょっと場違いな感覚になりますが、頑張ってそこに並んでいる一冊を手にとってみましょう。例えば僕の場合は、よく女性誌のコーナーに立ち寄ります。そして売れている（であろう）何冊かをパラパラとめくるだけで、日頃まったく目にしないジャンルの広告や記事が目に入ってきます。そして、さらに読み進んでいくと、同じニュースでも立場が変わるとまったく違った捉え方をされていることに驚きます。いつもは立ち止まらない本棚で新しいジャンルの情報との出会いを楽しむようになれば、あなたのインプットはかなりフレッシュになってきていると思います。

さらに一歩踏み込んで「世の中にあまり出ていない情報」に触れる機会を持つのもいいチャレンジになるでしょう。インターネット社会になったからこそ、「ネットに公開されていない情報」に触れることの重要さが増してきました。これはいろんな人と実際に会って話してみて分かる・感じることができる種類の情報です。今のトレンドの先にある動きや、その裏にある理由を知っているか知らないかで大きく世の中の見え方も変わってきます。とはいえ、そんなに気張らずにいろんなイベントやコミュニティのオフ会、勉強会などに顔を出してみましょう。今はＳＮＳでオススメのイベントの情報も手に入りやすくなりました。まずは気楽な会に参加して体を新しい世界に馴染ませていきましょう。

これまでの情報の接し方を変えていけば、自然とアウトプットも変わってくることを実感できると思います。

捨てる格言

アウトプットがつまらない時は、インプットを見直そう

「努力」を捨てよう

これまで私たちは「成功するためには努力するべきである」と刷り込まれてきました。仕事はもちろんのこと、勉強やスポーツ・果ては趣味に至るまで「頑張る」ことが美徳とされてきたのです。

でも、本当に「努力する」ことだけがビジネスで成果を出すことの近道なのでしょうか？

周りの人や友人から見て「大丈夫？」と思うような努力は、なかなか続けるのは難しいのではないでしょうか。自分の意志の力だけで頑張るのはどこかで限界がきます。

そして、そんな「頑張り続ける人」は、周りに「ついていけない」「自分とは違う」「楽しくない」といったような印象を与えて、本人から人が離れていってしまうのが現実なのです。

頑張っているのに成果が出ず、かつ人が離れていくのはなかなか悲しいものですね。**こういう時は「努力する」という考え方を捨ててみましょう。**

義務感を捨てて、ゲーム感覚で仕事や情報収集を楽しんでみるのです。

例えば、頑張って仕事関係の情報を集めるのではなく、自分の好きなジャンルの情報を集めてどんどん発信していきましょう。また、勉強をしたりする時間を決めて毎日の生活のルーティーンに入れてみましょう。

こうやって、情報収集や勉強などを自然に

生活に取り入れることができたら、無理なく習慣化していけると思います。そうやって楽しんで情報を収集して発信していくと、ある日に仕事との接点ができるかもしれません。

また、逆に自分が楽しんで情報を発信している趣味が仕事になるかもしれません。実際に僕自身も「楽しんで」いろんなことをメモしてSNSで公開し続けていたらメモに関する本を出版するまでになったり、実際の仕事にもつながったりしています。

昔、面白いと思ったクリエイティブ事例を紹介するブログを3年間×365日更新し続けていた時期がありました。その時はよく「仕事がある中で、SNSの更新は大変じゃないですか？」と聞かれたのですが、「毎日必ずブログを更新する」ことをルールにして、PVが上がっていくことをゲーム感覚で楽しんで続けていたので実はそんなに苦労せずに続けられていたのです。

これが逆に、仕事につながるから1日1ネタ「頑張って」アップしようと考えていたら、とてもじゃないですが続いていなかったと思います。

そして、まわりの人も僕のブログを楽しみにしてくれるようになり、そこで生まれたつながりが仕事になったりプライベートでつながるようになったりと、まわりを巻き込んでいくようになりました。

ここでは、無理をするのではなく「自動的に自分が動ける状態にする」のが大事なポイントなのです。そのためには、いろんなルールを作ってみたり、まわりに宣言してみたりと、自分を自動的に動かすアクショントリガーを用意するとよいでしょう。

なによりも、自分が楽しむ姿勢はまわりを明るくして、同じ方向へと導く力があると思います。

捨てる格言

「努力」より「楽しむ」

「段取り」を捨てよう

これまでは「段取り」がうまくできる人＝仕事ができる人と言われてきました。

段取りとは歌舞伎や芝居の構成や展開から発生した言葉で、現在ではいろんな分野で事がうまく運ぶように前もって手順をととのえるという意味で使われています。

よく「準備8割・実行2割」や「段取り八分・仕事二分」というように、本番よりもその準備の大切さを説く言葉もたくさんあります。

しかし最近では、この事前準備の「段取り」があまりにも複雑・煩雑になってきているのではないでしょうか。

例えば、新しいプロジェクトを始めるときにプロジェクトチームを作るにあたっては、プロジェクト自体の承認や内容の設定などは縦のラインの関係者や役員の了承を得て、さらにプロジェクトメンバーそれぞれの上司やその部門のキーマンの了承を得てやっとスタートし、進捗報告も4半期ごとに必要となってくるなど、そもそもの目的とは直接関係のない作業に忙殺されるのが日常的になってきています。

また、いろんな情報を取ろうとして社内外のキーマンに話を聞こうとしても、まず紹介してくれそうな人を探すところから始めて、その人を介して紹介してもらい、スケジュールを調整して訪問し、挨拶をしてやっとお願いが始まるといった調子で、なかなか前に進むことができません。

そんなことをしている間に仕事の締め切りがきてしまい、普段通りのアイデアで終わってしまうというのが現実ではないでしょうか。

本当の目的にたどり着く前に、形式的な「段取り」で疲弊してしまっているというのは本末転倒であり、これはなかなか疲れる状況です。

そして、「段取り」が面倒くさいために目的自体をあきらめてしまうこともあるのではないでしょうか。

そんな時は思い切って「段取り」を捨ててしまいましょう。

これまでのやり方にこだわらず、極力シンプルでストレートなアプローチを試してみるのです。

誰かに仕事やヒアリングをお願いするのであれば、フェイスブックやツイッターなどでつながって直接メッセンジャーでお願いしてみましょう。「この件をお願いしたいのですが」「了解です」といったテンポの会話でのやりとりは、人を介したりメールでお願いするのとは違うスピード感があるのと、相手にとっても時間や手間が省けて本題に時間をかけられるので好都合なのです。何より、お互い形式的な「段取り」を省くことでストレスが少なくなるのがいい点です。

また、メッセンジャーなどでのやりとりを重ねると自然と距離も近くなり、実際に会った時に親密感が出るのも面白いところです。

実際に僕も映像クリエイターの方にインタビューのお願いをする際に、ものすごく忙しい相手だったのですが、逆に秘書の方や部下の方を通さずに直接メッセンジャーで依頼をしたところ、すぐに快諾いただきすごいスピードでインタビューが実現したことがあります。

もちろんさまざまな作業の優先順位付けという意味での「段取り」は重要であり、それは明確にしなければいけないのですが、形骸化したやりとりのプロトコルなどは一度疑ってみるべきだと思います。

何よりも、いろんな段取りを考えすぎてしまい手も足も動かせていない状況が一番マズイので、まずはシンプルなアクションを起こすことに集中して実行しましょう。

捨てる格言

段取りより、まずはアクション

「肩書き」を捨てよう

仕事である課題が提示されたときに、あなたはどの立場でそれに向き合いますか？当然ながら、まずは会社員（ないしはフリーランスなど仕事の立場）としての自分でその課題に対しての解決策を探ろうとすると思います。あくまでも仕事上の目線から、顧客があなたのサービスやプロダクトを使っているシーンを想像し、どうやったらさらに売上を伸ばせるか、利益を拡大できるかのアイデアを探すということです。

しかし、それで本当に顧客の課題が見えてくるのでしょうか？

自社や自分の利益を前提にしてしまうと、どうしても顧客をあなたのサービスやプロダクトの「消費者」という一面からのみで捉えてしまいがちになります。

確かに、その顧客は生活の一部を切り取ればその商品やサービスを消費しているのは事実ですが、24時間×365日の生活の中で考えると、それはほんの一瞬の出来事であり、実際にはいろんな生活が営まれているのではないでしょうか。私たちの生活を考えてみても、社会人であるという前に、もっといろいろな立場で世の中に存在しているはずです。

例えば僕の場合で言えば、自分は会社員であると同時に父親でもあり、妻からすれば夫であり、友達から見れば友人であり、地元のつながりもあり、読書好きな人であり、デジタルガジェット好きで、将棋も一緒にする仲間がいる、というように会社員以外にもいろんな自分があり、さまざまなコミュニティに属しているのが現実です。このように、顧客を「消費者」ではなく「ひとりの人間として」捉えるのです。

そう考えると、仕事での課題においても自分の「肩書き」を一度捨てて考えることが必要なのではないでしょうか。

肩書きを捨てて、素の自分で課題に向き合う、素の生活者の立場でプロダクトやサービスを見つめ直してみる。こんな姿勢が本当の課題やアイデアのシーズを見つけるきっかけになることも多いのです。ひとつの自分にこだわらず、いろんな角度で課題を見つめ直してみましょう。

また、肩書きを捨てて物事を見直してみること自体が、あなた自身を見つめ直すいいきっかけになると思います。というのも、肩書きを捨てて世の中を見てみると「自分の本当のコアコンピタンス（中核となる強み）は何なのか？」を考えざるをえなくなり、自分という「個人」に向き合うことになるからなのです。

会社やコミュニティのつながりを外して考えたときに、自分に何が残るのか、何ができるのか、そんなことを考えるのも今後のキャリアや人生を過ごしていく上でよい示唆になると思います。

捨てる格言

肩書きを捨てれば、視野が広がる

第2章

「情報」を集める

～デジタル時代のリアルを探そう～

「情報」を捨てよう

「アイデアとは既存の要素の新しい組み合わせ以外の何ものでもない」

これはジェームス・W・ヤングの『アイデアのつくり方』に書かれている、アイデア開発の古典と言われるメソッドであり、アイデア開発に最も大切な事実でもあります（さらに言えば、その組み合わせを見つけることこそが大事な能力だと言われています）。

そして、その組み合わせを見つけるために、まずは「資料集め」から始めようと言われています。

しかし、現在はデジタル・ソーシャル時代であり、関連する資料やデータなどは数限りなくインターネットの海の中に散在していて、自分では処理しきれないほどの情報に囲まれています。

こんな状況の中において、むやみに情報を探していくことは逆に混迷を深めることにもなりかねません。そもそもひとつのテーマに関して情報が多すぎるし、何が本当で何がフェイクかの判断も難しいところです。ある情報を探してネットを巡回していたら、余計な情報に出会って時間を潰してしまうなんてこともあるかもしれません。

この情報爆発社会においては、どの情報が大事で、どの情報を捨てるかが大きな差になってくるのです。

こんな時はまず「ネットの情報」を一度横に置いておきましょう。

そして、ネットの情報だけに頼るのではなく、「聞き耳」を立ててみましょう。

ここで言う「聞き耳」を立てるとはどういうことでしょうか？

それは、あなたが知りたい領域のプロフェッショナルや詳しい人に「取材」してみるということです。

社内や取引先に限らず、あなたの友人や知人、さらにはネットで知っている人でもよいかもしれません。

「これってどういうことですか？」「なんでこれが流行っているんですか？」「今の一番の課題は？」そんな質問をするだけで、そのジャンルについてあなたが知りたいこと以上の情報を話してくれると思います。

なぜでしょうか？

人が誰かに自分の知識や知っていることを披露するのは「承認欲求」を満たされるので「楽しい」のです。楽しいから教えてくれる。こんな簡単なことなんですね。

もちろん、相手の答えに対してしっかりと反応し「すごく興味を持っている」「感謝している」という気持ちを伝えるのは大事なポイントなので、忘れずに実行しましょう。

そして大事なことは、その「現場」に出向いていくことです。流行りの現場やプロダクトが並んでいる店頭、サービスを使っている人が集まっているところ、リアルな現場にはリアルな情報があふれています。

そうして「聞き耳」を立てると自然と「何がポイントなのか」が浮かび上がってき

ます。これは逆に言うと、「大事ではない情報」がはっきりと分かるということでもあるのです。ネットではこんな情報があふれているけど、リアルな現場では別の視点で商品が選ばれているというのもよくあることです。

現場で手に入るのは、まだ「情報」に加工される前の、人々の生の声です。それは場合によっては矛盾していたり、合理的ではないと思われることもあるかもしれません。しかし、一度ネットの情報を捨てて、そのようなリアルな声に「聞き耳」を立ててみるのは、新しいアイデアを考えるときにはとても重要なのです。

捨てる格言

重要な情報をどう「探す」かではなく、大事ではない情報をいかに「捨てる」か

「壁」を捨てよう

今はSNSで自分の好きな人をフォローしたり、好きなジャンルのニュースだけを選んだりしていく中で、いつしか自分の好きな情報だけに囲まれている時代です。また、いつでもスマートフォンで情報に触れられるので、何でも「やった気分」になりやすいのです。

こんな風に生活していると、何か新しいことが目の前に現れた時に「あまり興味がない」「面倒くさそうだな」という気持ちが先に立ち、気軽に「乗っかる」ことができづらくなってくるのです。こうして徐々に自分の興味範囲が狭くなっていき、新しい物事への感性をなくしていくのです。

そうなると当然、アイデアの幅も狭くなり、どこかで見たような企画を何度も繰り返していくだけになっていくのは残念ですね。

こんな時は、自分の中の「壁」を捨てましょう。

ちょっと聞くと面倒くさそうだけど、やってみると面白かった、新しい発見があったというのはよくあることです。食わず嫌いをせずに、普段の自分では試さないような物事にチャレンジしてみるのです。

「インプットを捨てよう」で紹介した、自分とまったく関わりのない人をフォローしてみるのも一つの手ですね。また、普段自分では読まないようなジャンルの本を読んでみる、いつもは食べないジャンルの料理をトライする、全然接点のなかったイベントに行ってみるのもいいでしょう。そんな行動を積極的に自分の生活に取り入れてみましょう。

一番いいのは、誰かが熱く語っている物事に「乗っかってみる」ことです。最近ハマっているゲームやアーティスト、映画や作家などについて誰かが熱く語り始めたら「自分の興味とは違うな」と思わずに、「興味ないけどやってみる」のです。そして、トライしてみて面白いと思えばそのポイントをお勧めしてくれた人にフィードバックしてみましょう。自分の勧めたコンテンツを誰かが見てくれるのは嬉しいものです。また、自分の感じたポイントと相手の感じたポイントの違いを知るのも面白いところです。

ここで大事なのは「お勧めされたら試してみる」ということを自分の「アクショントリガー」にしてしまうのです。本を勧められたらすぐにその場で買ってしまう、映画を勧められたらその場で自分のスケジュールに入れてしまうといったように、レコメンドされた瞬間に行動に移すということを自動化すれば

強制的に新しい出会いを作り出せるのです。

僕も、流行っていて誰かが熱くレコメンドしてくれた映画は見るようにしているんですが、実際いくつかの映画を観ていて、ライブ型の映画が増えていたり、声を出しながら観られるような映画が増えていることから「映画は映像ではなく体験なのだ」という気づきを得て、ある企画に取り入れたことなどがありました。

これも自分の中の「壁」を捨てて自分で体験してみてはじめて体感できたことです。食わず嫌いをやめて、まずはいろんな流行りに乗っかってみましょう。

捨てる格言

熱く勧められたら乗ってみる

「検索」を捨てよう

何かの情報を調べるときにネットで検索をする。

これはもう情報収集において基本中の基本の動作になっていると思います。逆に、ネットで検索せずに人に質問したりすると「まずはググってみて」と言われてしまうのも常識となっています。

といったように、何かの企画を考えようと思ったときに、ほとんど全員がまずは検索エンジンを使うのですが、そこに出てくる情報は当然ながらみんなが見られる情報しか載っていないので、企画自体もみんなと同じようなアイデアになってしまう可能性も高くなるのです。

だからこそ「まずは検索」を止めてみましょう。

そもそもアイデアというものは「思いもよらないところから」やってくることが多いのです。例えば、ニュートンがリンゴが落ちるのを見ていて引力に気がついたということや（諸説あります）、接着剤開発の失敗からポストイットが生まれたということなど、関係のない事例が重要な発見や発明に結びついた事例は枚挙にいとまがないほどです。

そして、その発見をするためには自分の直感を信じ、自分なりの仮説を持つことが重要です。

何かの課題を与えられたとき、検索は最低限のリサーチに留めてファーストインプレッションからあなたなりの仮説を考えてみましょう。そして、その際には自分が興味のある「一見すると関係のなさそうな情報」と掛け合わせてみるのです。

例えば、今では日本全国にある回転寿司も、最初は人件費を削りつつ安くて質のいいお寿司を提供したいと考えていた開発者が、たまたま出会ったビール工場のベルトコンベアにヒントを得て生まれたと言います。このお寿司とベルトコンベアという

「思いもよらない」組み合わせで生まれた回転寿司は今や世界各地に広がっているほどになりましたが、その当時「人件費を削減する」という情報のみを探していたら、こういった発想にはたどり着かなかったのではないでしょうか。

それでは、こういった検索では出会わない「思いもよらない情報」との偶然の出会いはどうやれば実現できるのでしょうか？

ある著名なクリエイターによると、こういった情報と出会うには「修行」が必要だと言います。ここでいう「修行」とは、自分が興味のない情報に強制的に出会う機会をつくるということなのです。例えば、自分では絶対に行かないであろう地下アイドルのイベントに参加してみたり、演歌歌手のディナーショーに参加してみるなど「それって意味があるの？」と思える行為の中にこそ新しい発見があると言うのです。

この言葉に影響されて、実際に僕も女性向けのイベントに参加してみたり、苦手なアウトドアにチャレンジしたりしたことがあるのですが、確かにいろいろと新しい刺激が多く勉強になりました。特に、世の中で流行り始めた現象や、そんなに人気はないのだけど根強いファンが支えているようなコンテンツやイベントなどには、どこかに人の心を動かすヒントが隠れていると思います。

「検索」という究極的に「効率」を求める世界とはまったく逆の行動をすることで、誰もが思いつかないようなアイデアを生み出すことができる。僕自身、アイデア開発の現場に長く身を置いてきて、そんな事例を数多く見てきました。

そして、こういった課題や目的とは一見関係のなさそうなアナログな情報から面白いアイデアを生み出すというシステムは「雑談」から生まれることも多いのです。

企画の打ち合わせで、まず最初にいきなり本題に入るのではなく「雑談」から入ることが多いのも、こういった「情報のセレンディピティ」を生み出そうとしているという意味もあるのです。こういった「雑談」は傍目から見ると「なんで本題と関係のない話をいつまでもしているんだろう」「それより早く課題について話そう」という気持ちになりますが、実際には雑談の中で本来解決すべき課題と「もしかしたらうまくマッチングするかも」という情報を、お互いに出し合いながら頭をアイデア開発モードに変えていっているのです。

その際には、検索から得られた情報ではなく、あなただけがつかんできた「思いもよらない情報」をテーブルにあげてみましょう。そこから思いもよらないアイデアにつながっていく感覚を味わえれば最高ですね。

捨てる格言

興味のない情報に出会う「修行」をしてみよう

「新しい」を捨てよう

多くの人がアイデアや企画を考える時に「新しい」アイデアを考えようとします。これまでにない「新しい」切り口を持っている、「新しい」表現となっている、といったように「新しさ」がいいことであると刷り込まれています。

もちろん「新しい」ことは悪いことではありません。しかし、新しいことだけがアイデアの価値なのでしょうか。古いアイデアには価値がないのでしょうか。そうではないと思います。

付加価値のあるアイデアを考えてみるためには、一度「新しい」ことだけを追い求めることを捨ててみましょう。新しい事例やテクノロジーばかりに目を向けるのではなく、昔の素晴らしいアイデアに目を向けてみることで「新しい」視点が持てるのです。今は普通になっている昔からの風習から学んでみましょう。

例えば、日本では「土用の丑の日にうなぎを食べる」という習慣が根付いていて、土用の丑の日には日本中でいたるところにうなぎのポスターが貼られて、うなぎ専門店には多くの人が列をなしています。この土用の丑の日の由来は諸説ありますが、最も有名なのは江戸時代の学者・平賀源内がうなぎ屋に頼まれて作った宣伝コピーという説です。「夏バテにはうなぎがいいらしい」ということで、土用の丑の日に「けふ（今日）は丑の日」と張り紙をしてそれが人々に浸透したということなのです。

この話を聞いて何か気がつきませんか？

同じように、現代のプロモーションにおいても「今日は○○の日」といって、それぞれの商品やサービスを告知してますね。よく考えるとそもそも何でその日が○○の日なのか、その理由はよく分かっていなくても、みんなが買うのであれば買ってみようというムードを作り出すことには成功しています。

また、「昔からある習慣を今のテクノロジーに掛け合わせる」というのも、アイデアの発想法として有効です。

今あるスマホのアプリを見ていても、人気のあるものは「カレンダー」であったり「お財布」や「歩数計」など昔からあるものです。この昔からある習慣や機能に現代のテクノロジーを掛け合わせることによって新しい価値を作り出しているのです。

実際、新しいテクノロジーが出たからといって面白いものはそんなに変わらないものなのです。これまでに何百回も繰り返し使い古されたものこそ面白い要素が入っています。そこには、人が反応する「何か」があるのです。

いつの時代でも変わらない人の普遍的な心理や欲求に最新のテクノロジーやプラットフォームを組み合わせることでアイデアを生み出しましょう。

捨てる格言

古典に学び、新しいやり方を生み出そう

「オフィス」を捨てよう

寺山修司は「書を捨てよ、町へ出よう」と呼びかけました。

マーケティングにおいても「大事なのは会議室ではなく現場である。まずは現場に出かけよう」ということはよく言われます。

確かにそれは事実だと思います。マーケティングの現場には多くのヒントが隠されています。ターゲットの気持ちになって商品の売り場やターゲットがいる場所に出向いてその空気を肌で感じることで、会議室やインタビューの中では感じられないリアルな刺激が与えられて新しいアイデアを思いつくことは多いのではないでしょうか。

しかしそうは言うものの、会議や資料作成・打ち合わせに追われて、実際にはなかなかそういった機会を作ることができないのが実情ではないでしょうか。

かく言う僕自身も、かつてはそんな気持ちを持っていました。

そんな中で、自分の希望もありアジアに海外赴任することになり4年半日本を離れてアジア各国でのマーケティング支援に従事してきました。そこで初めて「見ると聞くでは大きく違う」アジアの現実に驚きました。まず自分が赴任していたのはタイのバンコクだったのですが、生活習慣が違うし食生活も違う、好きなコンテンツも違うし、物事のダイナミックさやスピード感、そして考え方も違う……その一方で意外と日本と近いところもあったりと、その印象は事前に聞いていた感じとは大きく異なりました。その後シンガポー

ルやマレーシア、ベトナム、インドネシアなど各国で仕事をしていく中でもそれぞれの国の違いに毎回驚いていたのですが、海外にいるという高揚感もあり「なんでも見てやろう」という精神でいろんな現場に飛び込み、雑食的に情報に触れ続けました。そんな風に街に出ていろんな人と話す中で、僕の中にリアルな顧客の生活のリアリティが形成されてきました。やはり、リアルなインサイトや洞察は「オフィス」ではなく「街中」にあったのです。

このような体験を経て、広告やマーケティングの課題やインサイトは顧客の日々の生活の中にあるという基本に今一度戻る重要性を痛感しました。

そういった目線を持って日本に帰国すると、改めてマーケティングの現場を見る大切さを感じました。

もちろんオフィスではさまざまな情報にすぐアクセスできますし、いろんなナレッジを持ったメンバーも近くにいます。しかし、本当のインサイトや洞察は人々の行動を見つめることからしか得られないこともあるのです。リアルな現場にある雰囲気、人々の息遣い、行動、会話、それらのひとつひとつを体感することで、自分の中にいろんな仮説が浮かんでくるのです。そして、ふっと立ち寄った書店で目にする新刊コーナーの本のタイトルや帯を眺めているだけでも今の社会の空気感が伝わってきます。

実際の企画の現場でも、こういったリアルな情報はとても参考になることがあります。

みなさんにもぜひ、こういった言葉になっていないような「何気ない日常」にこそ大きなヒントがあるということを知ってほしいと思います。

捨てる格言

オフィスを捨て街に出よう

「SNS」を捨てよう

常に情報が更新され続けているSNSを見ていると、あっという間に時間が過ぎてしまいますね。確かに今話題になっているものや最新のイベントの情報、業界のトピックなどいろんな情報が受動的にインプットできることから、自分の頭が回転している気分になります。しかし、実際にはほとんどの情報はスルーされていき、自分の頭はほとんど使っていないのが現実ではないでしょうか。

逆に、ネットで仕事の関連情報を探している間についSNSに寄り道してしまい、時間を潰してしまうことの方が多いと思います。

本来は難しい課題に向き合うためには「集中力」がとても大事になってくるのですが、SNSはつい見てしまう習慣性が高いために集中力を切らしてしまう原因にもなるのです。何かに取り組もうとしている時にSNSを見てしまうということを一度体験してしまうとそれが習慣化してしまい、ひとつのことに集中できなくなってしまうのです。

そして、結果として「時間を無駄にしてしまった」という感覚が残り、ネガティブなスパイラルに陥ってしまいます。何より時間が取られてしまいますね。

こういう習慣がついてしまった時には「SNS」を捨ててみましょう。

といっても、一切SNSをしないというのは難しいし、ソーシャルメディア世代のインサイトを理解する上でも得策ではないと思います。

そこでお勧めなのは「SNSをする時間を決めてしまう」ということです。

スキマ時間にスマホを手にしてSNSを巡回するのではなく、毎日のスケジュールの中にSNSを見る時間を決めて、SNSを使うのはその時間だけにしてしまうのです。その時間以外はSNSから離れてしっかりと自分と向き合う時間をつくってみましょう。

そして、SNSの時間は何も考えずに思いっきりだらだらと過ごしてみましょう。仕事を終えた後に、だらだらとSNSを見ながら過ごす時間を自分のご褒美にするのもいいですね。

ダイエットでも「チーティング」といって、ダイエットにストレスを感じてなかなかうまく続かない時に一時的に高カロリーな好きなものを食べることで「食べたいという欲求」を満たしてあげることによって、その後またダイエットを続けさせるというテクニックがあります。

これと同じように「だらだらSNSを見たいという欲求」を満たしてあげることによって、逆にSNSを制限することができるのです。そして、このSNSを見る時間も「仕事の一部である」だと認めてしまってもよいのです。

こうやってSNSの時間を制限して自分の脳にメリハリをつけてみると、心理的なストレスや罪悪感もかなり軽減されてきます。

こうして生まれたSNSのない時間は、どう活用すればいいのでしょうか？

この時間にこそ誰にも邪魔されず、いろいろな情報を分析したりアイデアのイメージをふくらませてみるのです。情報の熟成には、このようにひとりで自分と向き合い、情報をいろんな角度から見つめる時間が必要なのです。

ＳＮＳをうまくコントロールして、自分の頭を使う時間を作ってみましょう。

捨てる格言

思いっきりＳＮＳを楽しむ時間がＳＮＳ断ちの秘訣

「書類」を捨てよう

おおよそ人は「書類整理が得意な人」か「書類整理が苦手な人」二つのタイプに分かれます。当たり前ですね。

あなたはどちらのタイプですか？

「書類整理が得意な人」であれば、この項目は飛ばしてもらってもよいかもしれません。この項目は主に「書類整理が苦手な人」へのメッセージになるのですが、僕自身が「書類の整理」というものが苦手だった経験から気がついたことをお伝えしたいと思います。

とにかく、書類というものは気がつくとたまっていくものです。会社で仕事を始めた当時は、日々増えていく書類の山をどうにかしようとあせり、いろんな書類整理術の本などを読み漁り一通りトライしてきました。中でも一番効果的だったのは、野口悠紀雄さんの著書『「超」整理法』で紹介されている「押し出しファイリング法」でした。資料を封筒に入れ1ヶ所に並べていくというシンプルな方法がとても楽だったことから、しばらくの間この方式で書類を管理していました。

しかし時代がデジタル化していく中で、徐々にこの方式で保管した書類とデジタルデータの統合をどうしようと悩む日がきてしまいました。そして2000年ごろ、ついに大きな決断をしました。その時点で保管していた書類を全部スキャンしてデジタルデータ化することで、紙の書類を一切持たないようにしたのです。

すべての紙の書類を捨ててしまい、机の上からは本当に一切書類はなくなりました。

そして、余計な書類がなにもない机で仕事をするのは本当に気持ちのいいことなんだと、その時初めて気がついたのです。それまで自分ではあまり気になってはいなかったのですが、机の上の目線が届くところに書類があるというのは一見便利なようですが、実際はそれがノイズとして目を通じて脳に届き、それが蓄積され集中力をなくす要因にもなっていたのです。

こんな快適な環境を守るべく、その後もほぼすべての紙を捨て続け、机の上には何も書類がないペーパーレスの環境をキープしています。

最近ではセキュアなクラウドサービスを活用すれば、どこにいてもどんな環境でもデジタルデータを呼び出すことができるため、資料を探しにデスクに戻る必要がなく、その場で思い出した資料をさっと取り出せます。一度スキャンして保管してしまえば、どんなに前の資料でもアクセスしやすいのもデジタルの特徴です。

実際に、僕の先輩で恐ろしいくらいの情報メモ魔の著名クリエイターの方がいるのです

が、その先輩は過去の自分が関係した仕事のあらゆる資料をデジタル化して持ってい て、ある日20年以上前に一緒にした仕事のことを話していたら、その場でパソコンを パチパチして「ああ、それってこのデザインのことだよね」とその時のデザインラフ をすっと見せてくれたことがあって、あまりの情報保管っぷりに驚きを超えて少し感動したことを覚えています。

やはり、基本は「スキャンして紙は持たない」のが一番よいと思います。机の上も基本クリアで気分もスッキリして、アタマも回転し始めます。

捨てる格言

デジタル時代には思い切って書類をすべて捨ててしまおう

「整理」を捨てよう

ひとつの仕事を始めるだけで、すぐに多くの資料や情報が集まってきて、さらに関連する情報の資料などでフォルダの中はすぐいっぱいになってしまいます。さらに、日常的に触れているSNSやコミュニティからの情報も日々更新され続けています。

こういった情報の洪水の中では、どういった情報整理法がよいのでしょうか。

僕もさまざまな情報整理法を試してみましたが、最初はよくてもしばらくすると不自由さを感じるようになってきました。例えば、項目別にフォルダを作ってデータを格納していくのですが、実際に使った情報はほとんどなく、フォルダ別に情報を仕分けすること自体が目的になっていったような気がします。

そんな時はいさぎよく情報整理を捨てて、情報をインターネットの海に放してみましょう。

ちょっと面白そうだなと思った情報や資料などは、どんどんＳＮＳにポストしていくのです。そこに自分がどう思ったかの一言を忘れずに公開するとさらに効果的です。こうやって情報は整理せず、その時自分がどう感じたかというコメントとあわせて公開していくことによって、その情報が他の人の情報と組み合わさって新しい化学反応を生んでいくのです。

もちろん、情報管理やセキュリティの問題があるのですべての情報は難しいですね。そういった情報は、社内やチーム内のセキュアな環境の中でメールやチャットツールでやりとりしてしまいましょう。メールやチャットツールで送っておけば、データや情報自体はクラウドの中に保存されていますし、後から検索することも容易です。そして、あなたが切り取った情報に対して他の人がコメントしてきたり、さらに関連情報をアップしてくれるなど、アイデアの化学反応が起こってくるのです。なにより、「情報整理」という面倒な作業から解放されるということだけで、気持ちが楽になってきませんか？

僕自身、こういった情報管理をしていて困ったことは一度もありません。逆に、同じような情報シェアをしている同僚のポストなどを見ていると、「ああ、こいつは今こんなことに興味があるんだな」「こんなチャレンジをしようとしているんだな」ということが分かって面白いものです。

こんな風に遊ぶ感覚で情報を扱ってみると、関連する情報が集まってくるのがデジタル・ソーシャル時代の特徴なのです。一人で情報を抱え込まず、情報をシェアする感覚を身につけましょう。

捨てる格言

情報の「整理」を捨てて、情報は「放流」しよう

「事例」を捨てよう

広告業界には「デコン」という言葉があります。

「デコンストラクション（deconstruction）」を略した「デコン」という言葉を広告業界では「過去の広告・マーケティング事例を一度要素に分解して、再度構築する」といった意味で使っています。要は成功事例の分析ということですね。

最近ではインターネットで世界中の広告・キャンペーン事例に容易にアクセスできるようになったこともあり、「デコン」は情報収集の基本になっています。

実際、僕も自分の勉強のため、海外のいろんなインタラクティブな広告事例を集めて、そのエッセンスを分析してブログで公開していた時期もあります。

何か課題を与えられた時には、世界中の「事例」を調べてその要素を分解し、成功パターンを抽出する、もしくは類似のアイデアを開発するというように「デコン」はアイデア開発のベースのように捉えられているのが現実ではないでしょうか。

しかし、ここに大きな落とし穴が潜んでいるのです。

あまりにデコンに依存してしまうと、成功事例を分析しただけで「アイデアができている感じ」がしてしまうのです。考えれば当たり前ですが、すでに完成しているアイデアの要素を分析しているわけなので、その要素を組み立て直せばアイデアになります。ただ過去の成功事例とあなたが抱えている課題とは、そもそも与えられている課題も違うでしょうし環境も違うので、そのまま使えるわけではないのです。なのに、ただ成功事例のデコンを再構築すれば成功も再度実現するというように思ってしまうところが危ういところなのです。

よくやりがちなのが、デコンをベースにプラニングして、その事例と同じようなアイデアを再現してしまうといったように、そのアイデアやフレームに自分の思考回路が引っ張られてしまうケースです。

こういう時には一度「事例」自体は捨ててしまいましょう。

そして、その中にある「インサイト」だけを抽出するのです。

例えば、ある商品のデリバリーアプリが流行っていたとしたら、同じようなデリバリーアプリを作るのではなく、「ターゲットの人たちは忙しくて買い物に行く時間がない」というインサイトを引き出してそこからアイデアを開発していくといったように、デコンという因数分解の奥にある人々の「欲望」や「不満」にフォーカスするというのは大事なポイントです。

事例のデコンを超えて、より深い洞察を進めてみましょう。

捨てる格言

エッセンスを抽出して事例自体は忘れましょう

「コスパ」を捨てよう

最近ではいろんなことに対する「コスパ」が問われる時代になってきました。

そもそもコスパとは「コストパフォーマンス」の略語で、支払った費用（コスト）に対する成果（パフォーマンス）のバランスのことを指し、コスパが高い・低いといったように使われます。このように本来はコストは費用、つまりお金のことを意味していたのですが、最近では「結婚ってコスパが悪いよね」といったように、コストが単にお金だけではなく精神的なものも含めて、多種多様な場面で使われるようになってきました。

この「コスパ」という考え方は何事にも「効率」を求める世の中の流れにフィットしていることで一般化し、何を買うかだけでなく、どこに行くか、誰と会うか、何をするかといった行動のすべてを「コスパ」という効率面だけで判断するようになってきたのです。

しかし、コスパを追求した先には何があるのでしょうか?

そこにはコモディティ化した情報とアイデアしか残らないのではないでしょうか。

付加価値のあるアイデアを開発しようとするならば、まず「コスパ」という行動の基準を捨てましょう。

何でも「コスパ」で判断される現代だからこそ、「コスパが悪い」とされている行為が重要になってくるのです。

映画ファンの間には、「生涯の1本に出会うために、100本の無駄な映画を観なさい」という言葉があるのですが、これは本当に面白いと思える1本の映画に出会うためには100本の映画を見る必要があるということなのです。同じように、1冊の素晴らしい本に出会うために100冊の本を読み続けることも必要なのです。

そして、残りの99本の映画、99冊の本も決してムダではないのです。大事なのは、その時その時の興味に応じて幅広いジャンルに触れて「楽しむ」ことなのです。どんなにくだらない映画や本の中にも語るべき真実はあります。とりあえず見たり聞いたりしたことで、いつか頭の中で化学反応が起きて活用できるかもしれません。この一見回り道ともいえる壮大なムダな旅を経たからこそ、たどり着くところもあるのです。

そもそも、どうして人は口コミやレーティングなどをベースにした「コスパ重視」の行動をしてしまうのでしょうか？

それは人は「損をしたくない」と思う動物だからです。だからこそ、口コミサイトやレーティング、さまざまなレビューなどを事前に調べて「評判のよいものだけ」を試してみるのです。

しかし、このコスパ重視の行動を一歩ひいて見た場合、コスパを重視して損しないように行動すること自体がインプットのコモディティ化ひいてはアイデアのコモディティ化を引き起こし、それが自分の価値をコモディティ化させ、結局はかけた労力に見合わないリターンしか得られていないということになるのではないでしょうか。

逆に自分の興味ドリブンで、自分のセンスで面白そうだなと思ったコンテンツを楽しんでみた方が得られるものは大きいのです。本当につまらないなと思ったら、つまらなかったコンテンツを体験したということ自体が、あなただけの価値になるのです。「みんながつまらないと言っていたけど、確かにつまらなかった」「ここが特につまらなかった」ということは、逆に言えばそのつまらないポイントを改善すれば面白くなるヒントとなるのです。

そんな風に何事も「楽しんで」「ムダなことをする」ことにチャレンジしてみましょう。

捨てる格言

一見ムダな中に本当の価値がある

「忙しい」を捨てよう

「最近忙しいですか？」

こう聞かれたらあなたはどう答えますか。

僕はいつも「全然ヒマですよ」と答えます。

もちろん仕事やプライベートの予定が立て込んでいてバタバタしている時もあるのですが、あえてヒマですと言うようにしているのです。なぜかと言うと、これは「あなたの話を聞く時間はありますよ」「何か仕事があれば手伝いますよ」ということを伝えたいからなのです。

いつも眉間にしわを寄せて忙しそうにしている人には、なかなか話しかけづらいですよね。

まずは「忙しい」という気持ちを捨ててみましょう。

ヒマそうにしていることによって、より話しかけやすい雰囲気を意識的に作り出してみるのです。そうすることによって、新しい情報に出会えたり、面白い仕事のきっかけが生まれるかもしれません。

そして、実際にヒマな時間を作ってみるのも大事なポイントです。スケジュールを目一杯詰め込むのではなく、あえて何もしない時間を作るのです。

机の引き出しもいつもぎゅうぎゅう詰めだと新しい書類は入りません。少し隙間を作って広げることによって、初めて新しい書類が

入るようになるのです。

Ｇｏｏｇｌｅには有名な20％ルールというものがあり、これは従業員の勤務時間中の一定時間を、通常の職務を離れて従業員自身が取り組みたいプロジェクトに費やすことができるというもので、この20％ルールを使ってＧｍａｉｌやＧｏｏｇｌｅマップが生まれたと言われています。

脳科学者の茂木健一郎さんは、著書の中でこの20％ルールは推奨したい取り組みだと述べ、

「仕事に忙殺される日々を繰り返すことは、脳にも、身体にも、決して良い影響を及ぼしません。たとえ仕事の時間を削ってでも、心身にゆとりの時間を与えることで、仕事のクオリティは格段にアップします。結果、大きな成果も得られるでしょう」（『脳を最高に活かせる人の朝時間』茂木健一郎　河出書房新社）

と語っています。

このように、自分の中に新しい情報や仕事が入るスペースを意識的に作ることによって、考え方の幅も広がり、革新的なアイデアを生み出す可能性も出てくるのです。

捨てる格言

「ヒマだよ」を口癖にしよう

限られた時間の中で積極的にヒマな時間を作り、思いっきり自分の好きなことに時間を使ってみましょう。そうすることで、新しい人や情報との出会いを作り出すのです。これまでは「ヒマな人」は仕事のできない人と思われてきましたが、これからは「ヒマな人」と見えた方が得な時代になってくるのではないでしょうか。

何より、自分の中に心のゆとりを持つことは気持ちを楽にして人生を豊かなものにしてくれます。積極的にヒマな時間を作り、まわりにアピールしていきましょう。

第3章

「企画」を立てる

～「捨てる」ことでアイデアは広がる～

「自分で考える」を捨てよう

アイデア開発の本なのに、アイデアを考えるのを止めようというのはどういうことかと驚かれたかもしれません。

ポイントは「自分の脳だけで」考えるのではなく、他の人の脳を動かして一緒にアイデアを開発してみましょうということなのです。

これまでのアイデア発想法としては、一人で考える方法論に重心が置かれていました。一人でブレインストーミング（ブレスト）をしてみる、マインドマップを用いてみる、チェックリストを使ってみるなど、それぞれに利点がありました。

しかし、今はデジタル&ソーシャル時代です。一歩進んだアイデア開発にチャレンジしてみましょう。

そこでお勧めなのは「ＳＮＳオープンブレスト」です。

具体的には、何か面白い情報やネタ、アイデアの元が浮かんできた時に、すかさずそれをソーシャルメディアに投げかけてみるのです。面白いと思った記事の引用やそれに対する意見やコメントでもかまいません。もちろんオリジナルなアイデアなら最高です。

あなたが投げかけた情報があなたのつながっている人たちにとって面白いと思われればＬｉｋｅやコメントが返ってくるでしょう。関連する情報や面白ネタをさらに被せてくる人もいるかもしれません。もちろん、それに

対してもすぐに反応しましょう。反応する量や熱が大きいほど、そのネタは可能性を持っています。

これまでは、いかに打ち合わせに「みんなの知らないネタを持っていくか」が勝負でした。しかし、考え方を180度変えて、とっておきのネタを先にみんなに披露してしまうのです。そうすることによって、そのネタのポテンシャルを見てみたり、さらにアイデアの幅を広げることができるのです。

イメージとしてはアイデアの芽をソーシャルメディアに「放流」して、それが成長して戻ってくるのを待つイメージです。自分でアイデアのボールを持ちすぎず、アイデアのネタを人にパスしてその反応でさらにアイデアを深めていくのです。

そもそもブレストとは、集団でディスカッションを行うことによる「発想の連鎖」や「誘引」によってアイデアを生み出す方法です。基本的には「テーマを決めて」「思いつくまま発言していく」ことによって進行していきます。ここで大事なルールは「決して相手の意見を否定しない」ということです。

しかし、SNSでは不特定多数がからんでくるので「場の安全性」が保たれているかが心配だと思います。ですので、もちろん情報のセキュリティやコンプライアンスの順守は当然としても、少しリアリティのあるアイデアなどは実名のSNSで展開する、さらに業務に近い具体的なアイデアの話になってくるのであれば社内のイントラやセキュアなグループやチャットツールを使うなど、ネタの具体性に応じて場を選んでいけばよいと思います。実際には、お互いを知り合った関係性の中であれば、まわりからの見え方を気にするのでそんなに否定的な意見は出ないです。

一度自分だけで考えることを捨てて、面白い情報やアイデアの芽をソーシャルメディアに投げかけてみましょう。

捨てる格言

他人の脳を最大限に活用しよう

「いつものチーム」を捨てよう

いくつもの仕事を掛け持ちし、一年中忙しく企画や実施作業を重ねていく中で、ふと気がつくといつも同じようなチームやスタッフと一緒に仕事をしていませんか？

確かに、いつものチームは気心も知れているしお互いの力量も分かっています。これまでの蓄積があるので、多くを説明しなくても理解し合える関係性は確かに重要です。コミュニケーションコストを最小限にしながらも、お互いに高め合いながら次々に仕事をこなしていくことも可能でしょう。

しかし、アウトプットの質はどうでしょうか？　いつしか、同じような手口、同じような切り口、同じようなアイデアになっていませんか？

やはり、新しい刺激がないと新しいアイデアは生まれてきません。

こんな時は「いつものチーム」を捨てて、新しいメンバーと組んでみましょう。

特に普段付き合いのないような新しいジャンルの人たちとチームを組んでみるのです。今の時代はこれまでにない新しい切り口のアイデアが必要とされています。自分たちとは違うフィールドのメンバーを入れることによって新しい化学反応を狙ってみましょう。

僕も新しい体験型のプロモーションアイデアを考える際に、いつものメンバーやスタッフではなく、これまで付き合いのなかったメディアアーティストの方と一緒にアイデアを考えたことがあるのですが、課題解決型のアイデアを追い求めてきた自分たちと課題提示型のアーティストの思考がまったく違い、大いに刺激を受けました。

もちろんいいことばかりではなく、考え方やワークデザインが大きく違うので、きちんとバッファを考えた業務のプロセスマネジメントや、意思疎通を定期的に行うなどの配慮は必要ですが、こういった「異種格闘技戦」のアイデア開発はお互いの領域にとってよい刺激になるのは間違いないと思います。

ここで大事なのは、お互いが「いつものモード」とは違うモードに切り替えてフラットなマインドセットで素直に対話する姿勢です。みんなでマインドセットを変えて打ち合わせをしてみると、意外な方向に話が拡散して、いい感じにアイデアが広がる瞬間があります。この感覚を大事にして普段の業務にフィードバックしていくと、それがまた普段のメンバーにとってもよい刺激となっていくのです。

自分の理想は、半分の業務は固定的なメンバーで、残りの半分の業務は新しいチーム編成にチャレンジしたいと常日頃思っています。

人間はつい楽な方を選びがちですが、あえてワイルドな選択肢を選ぶ勇気を持ってみましょう。その先にはあなたの成長が待っています。

捨てる格言

新しいジャンルの新しい仲間を探しに行こう

ムダな「打ち合わせ」を捨てよう

あなたは一つの仕事の提案までに何時間くらい打ち合わせをしていますか？

その時その時の状況に応じて対応しているので、具体的なトータルの打ち合わせ時間はあまり意識していないのではないでしょうか。

企画開発において打ち合わせは重要ですが、より効率的で効果的なワークデザインのためには、この打ち合わせ時間のコントロールについても考えてみましょう。

ひとつの例として、僕の後輩でキレのいい企画を連発するクリエイターがいるのですが、数多くの仕事を同時並行で進めているにもかかわらず、そんなに忙しいそぶりは見せずきちんと長期の休みもとってしっかりリフレッシュしているのです。ある日その秘訣を聞いてみたところ、ポイントは「事前に打ち合わせ回数と時間を決めている」ということなのだと言うのです。オリエンからプレゼンまで、どういうタイミングでどういった内容の打ち合わせを何時間するというのを厳密に決めていて、どんな仕事でも基本的にはそのフォーマットで進めるのですが、これによってそれぞれの時点でやるべきことがチーム全員に明確に伝わり、役割分担や各自の責任も明確になると言います。

例えば提案まで2週間あるとすれば、打ち合わせは2時間×3回と決めて、最初の打ち合わせで方向性、2回目の打ち合わせで具体案、3回目の打ち合わせで提案書をまとめるといったようにするのです。

これ以外の打ち合わせを行わないために、この時間内にしっかりと間にあわせるべく各自が作業してくることでムダが省かれている、よく考えられたシステムだと思いました。

何より打ち合わせのワークデザインの中にある「ムダ」を発見したところに意味があります。

このフォーマットを使うというよりは、しっかりと自分のワークデザインを見つめ

直して、ムダな「打ち合わせ」を捨てていきましょう。

こうやって打ち合わせをスリム化していくことによって、みんなで長時間うんうんとうなりながら時間を過ごしていくことが減っていくのです。

打ち合わせでアイデアを開発するのではなく、「打ち合わせはあくまで添削」として打ち合わせをみんなのアイデアをすり合わせる場としてしまうというのも大事なポイントです。

まずは自分でじっくりと考えてみましょう。ひとりブレストなどもいいですね。徹底的に自分で考え、そこでひらめいた気づきや関係しそうな情報などを事前にSNSやチャットツールなどで広げてみて、自分の中にしっかりとしたアイデアのベースを持って打ち合わせに臨むのです。

また、みんなで打ち合わせると「みんながなんとなく否定しない案」に帰結してしまうことも多いので、ここでしっかりと尖ったアイデアを用意しておきましょう。

あとは、打ち合わせが大人数になりすぎるのも気をつけないといけません。しっかりと全員が自分の意見を言えるような人数をキープするようにしましょう。

Ａｍａｚｏｎの創業者ジェフ・ベゾスも「ピザ2枚分でお腹を満たせるくらいの少人数による会議が一番生産的だ」と言っています。5名から8名くらいのイメージでしょうか。

ムダな参加者も「捨てて」いきましょう。

捨てる格言

その打ち合わせ、本当に必要ですか？

「リミッター」を捨てよう

「アイデアを考えてください」と言われると、「ちゃんとした」「正解に近い」アイデアを出さなくてはならないと思っていませんか？

家族や友達との会話ならまだしも、仕事の課題に対してプレッシャーのかかる中でアイデアを考えるということは実際にはなかなか難しく、大人数の会議で自分のアイデアを出すことはかなり「恥ずかしい」ものなのです。

そうして、いつしか自分の中に「常識」や「思い込み」といった「思考の壁」ができてしまいます。

当然こういった状況ではいろんなことに配慮したコンサバティブなアイデアしか出てこなくなってきてしまいますね。そして、ダメ出しをされてどうしていいか分からなくなるといったネガティブなスパイラルに落ち入ってしまいます。

こんな時は自分の中にある「リミッター」を捨ててみましょう。

ここでお勧めなのは「ノンストップライティング」メソッドです。

ノンストップライティングは制限時間中ずっと思いついたことを書き続ける発想法で、フリーライティングとも呼ばれます。

具体的には、まず自分で時間を決めてタイマーをセットし、そのタイマーが鳴るまで「とにかく何でもいいので書き続ける」のです。ここでは、普段は気にしている自分の常識や思い込みや恥ずかしさを捨てて、思いっきり自由に自分の頭に浮かんだアイデアや思いついたことを書きなぐっていくことが重要です。そして、支離滅裂でもいいのでとにかく書き進めていくと、いつもは絶対に出てこないようなフレーズやくだらないアイデア、ちょっとダークな自分の部分などが出てきます。そこで止めずに、むしろその部分に「乗っかって」自由にアイデアをどんどんふくらましていきましょう。タイマーが鳴った後にそのシートを見返してみると、思いもよらなかった方向に話が展開していることに驚くでしょう。

　普段私たちが何かを考えたり書いたりするときには「メンタルブロック」が出てきて常識的な内容にとどまってしまいます。これは、一人で考えているにもかかわらず、自分の中で自然と「仮想の読み手」を作り上げてしまい、自分で自分の中に壁を作ってしまうからなのです。

　ノンストップライティングはこの壁を超えて自分の中にあるアイデアの芽を形にするひとつの方法論です。

　こうやって「リミッター」を超えて生まれたアイデアは「フィジビリティ（実現可能性）」を問われる場合も多いのですが、そんな

時は具体的なアイデアそのものではなくアイデアの中にあるエッセンスをきちんと説明していきましょう。フィジビリティは最後にして、まずは一番大事なアイデアのコアエッセンスを貫き通していきましょう。

この時点では、楽観主義で常識の海から抜け出すのです。ワクワクするような興味ドリブンが大事です。

全方位に配慮したこぢんまりとしたアイデアにとどまるより、「リミッター」を超えて大胆に踏み込んでみましょう。

捨てる格言

自分の中の仮想の読み手を捨ててしまおう

「オリジナル」を捨てよう

多くの人が、アイデアは「オリジナル」なものであるべきと思っているのではないでしょうか。

アイデアを考える際に「これは使ったことがある」「これは見たことがある」という風に考えていって、なかなか新しい切り口にたどり着かず苦労することも多いのではないでしょうか。

確かに単純な模倣やコピーはダメですが、すべての要素がオリジナルである必要はありません。

こんな時は「オリジナル」であるべきという考え方を捨ててみましょう。

ゼロからアイデアを考えるのではなく、既存の要素を活用するのです。

例えば、ソフトウェアやアプリケーションを作る場合、すべての要素をゼロから作ることはありません。ほとんどの場合「モジュール」と言われるいくつかの機能がひとかたまりになったプログラムを組み合わせて、全体のプログラムを作っていきます。モジュール化こそがソフトウェアの一番基本の設計原則であり、時代を経ても変わらないものです。そして、このモジュールにより全体システムが規格化・標準化され、機能の追加や変更が容易になるのです。

ソフトウェアだけでなくハードウェアでも同様な考え方が用いられ、規格にあったモジュールを組み合わせることが標準化されたことでパソコンなどの性能が飛躍的に高まることになりました。

アイデア開発においても、すべてをゼロから考えるのではなく、既存の要素をモジュール的に活用しましょう。

まずは、いろんな事例や過去のアイデアなどの中から使えそうなものを探り出してみます。そして、その中の要素を並べて、新しい組み合わせを試してみるのです。

このアイデアのモジュール化に有効なのは「とにかく数を出すこと」。「面白いアイデア」を考えようとするのではなく、つまらなくてもいいからとにかく「たくさんの事例を集めて」「たくさんのアイデア」を出すようにしてみましょう。ひたすらいろんな要素をメモしたり、紙に書いたり、広げるだけ広げておいて、後でそのメモを見返してみるのです。

そうすると、普通だなと思っていた要素が他の要素と組み合わせることで、意外にいいアイデアになったりすることはよくあることです。

オリジナルなアイデアにこだわって手が動かなくなるよりは、参考事例やアイデアの幅を広げた方がいいのです。まずは自分自身が楽しんで、好奇心にしたがってみましょう。

そして、こういったアイデアのパーツは日頃から集めておいてメモをしておくのがお勧めです。メモアプリやストレージなどを活用してメモを保存しておき、たまに見返すことによって思いがけないような活用法を思いつくかもしれません。また、繰り返しになりますが、このメモをＳＮＳで公開したり、人にシェアすることによっても新しい化学反応が起きるでしょう。

「オリジナル」という呪縛から逃れて、アイデアのモジュール化を試してみましょう。

捨てる格言

オリジナルなアイデアはモジュール化から生まれる

「差別化」を捨てよう

アメリカの経営学者マイケル・ポーターは、競争戦略として「コストリーダーシップ戦略」と「戦略差別化戦略」「集中戦略」の3つの基本戦略があるとしています。これは戦略フレームワークとしても代表的なもので、特に「差別化」についてはマーケティング活動の基本と考えられています。

差別化とは、いかにしてライバルにはない独自の価値を創造してプレミアムな価格を提供できるかを実現する戦略であり、長年、競争優位を生み出すための基本戦略として重要視されてきました。

実際にマーケティングの現場では「この商品の差別化ポイントは?」「どうやって競合ブランドと差別化するのか?」といった会話が日常的に行われています。

ただ最近では、本来は競合ブランドやサービスとの競争優位を実現するためのひとつの手段としての差別化戦略だったのですが、差別化戦略こそがブランドを確立する戦略だという風に主客転倒されて使われている現場も見かけるようになってきました。
しかし、本当に差別化戦略だけがマーケティング戦略に必要な要素なのでしょうか。「差別化しよう」としすぎるばかり、無理に本来のブランド価値とは違う点を強調しすぎていないでしょうか。一度生活者の視点からブランド戦略を見直してみるのも大事なことです。

「差別化」を捨てて考えてみると、別の視点が得られるのです。

競合ブランドとの差別化から考えないということは、自分のブランドを深く洞察してみるということです。じっくりと自分のブランドの本質価値を掘り下げてみることで、まったく違ったオリジナルなアイデアにたどり着くこともあるのではないでしょうか。
それにはまず、あなたのブランドの顧客をしっかりと見つめ直してみましょう。商品やサービスが実際にどんな風に使われているのか、そこでもたらされている価値はもともと予想していたものと同じなのか違うのか、生活者とブランドの関係をしっかり理解するのです。

今であれば、ソーシャルリスニングツールなどを活用して、ソーシャルメディアでどんな風にブランドが語られているかを観察してみましょう。特に商品やサービスの普通の使い方ではなくて、商品の「意外な使われ方」などに注目すると面白い発見があります。


例えば、「プリン」という商品がどう使われているかを見てみましょう。

ソーシャルメディアで「プリン」を検索してみると、思いもよらなかったような発見がありました。普通に思い浮かぶような「美味しい」「甘い」というような言葉が上位にきますが、ずっと下の言葉を見ていくと「風邪」という言葉が出てきます。これは何かと言うと、風邪を引いた時に「冷たくて喉越しがいい」「食欲がない時に栄養が取れる」といった理由からプリンが食べられていることが分かったのです。

例えば、この発見をベースに風邪の時期にプリンのプロモーションアイデアを考えつくかもしれません。

これはあくまでもひとつの例ですが、そこにはユーザーの本音とブランドが気がついていない価値がある可能性があります。

このように、ブランドのコアアイデアは競合との差別化ではなく、顧客のカルチャーに受け入れられるようなものになっていくべきではないでしょうか。

捨てる格言

商品の意外な使われ方に新しい発見がある

「具体案」を捨てよう

企画の最初、アイデア開発に取り掛かる段階であなたはまず何から考え始めますか？

「こんなアイデアはどうだろうか」「競合商品のこういったアイデアがあったな」「海外でこんな事例もあったな」といったように具体的なアイデアを考え始めますね。しかし、どのアイデアが良いのか悪いのか、そもそもどういった方向で考えていけばよいのかという壁に突き当たってしまうことが多いのではないでしょうか。

そして、なんとかひねり出した具体的なアイデアを人に話しても「なんかピンとこないなあ」と言われてしまいます。

これは、いきなり具体案から考え始めるからなのです。

アイデアを考える際には、実はアイデアそのものから考え始めるとなかなか進まないものです。それではどうするかと言うと、具体案の前にまず「コンセプト」から考え始めるとうまくいくのです。

例えば、「世界中の情報を整理して、世界中の人々がアクセスできて使えるようにすること」がコンセプトだとすると「検索エンジンを開発する」はアイデアです。独自の視点でコンセプトを立てることではじめて、イノベーティブなアイデアにたどり着くことができるのです。

まずは大きなミッションとも言うべきコンセプトから考え始めてみましょう。

また、特に1回目の打ち合わせにおいてはアイデアそのものではなく「コンセプト」を決めるために打ち合わせを行うと、その後の打ち合わせがスムーズに進みます。

それでは具体的にはどんな風に打ち合わせを行うのでしょうか?

それにはあなたの持っているアイデアの「イメージ」を共有するのです。「こんな感じのイメージで」「こういう方向性のイメージで」「こんなブランドのポジショニングのイメージで」といったように、具体性はまだないけども、なんとなくこっちの方向性がある気がするということを指し示すのです。

最初の打ち合わせではこの「イメージ」をお互いにすり合わせながら、アイデアの方向性を絞っていくのです。

「今回はちょっとワイルドなアイデアにしよう」「ちょっと泣けるものがいいな」「先進的なイメージが欲しいね」といった感じで話してみましょう。

少し遠回りなようですが、このコンセプト共有・決定のプロセスを経てみんなが共通認識を持てば、あとはそこを起点にクリエイティブジャンプをしていくだけでアイデアの飛距離が稼げるのです。

捨てる格言

具体案の前に まずはイメージを共有しよう

「枝葉」を捨てよう

ハリウッド映画では通常プロデューサーがスタジオ・配給会社などに企画を持ち込み、出資や配給が決定して製作に入ります。この企画やストーリーを売り込むプレゼンテーションは「ピッチ」と呼ばれていて、映画製作を決定する非常に大切な能力とされています。

このピッチは通常プロデューサーとスタジオ・配給会社のキーパーソンとが対面し口頭で行われるのが通常です。年間数多くの作品のピッチがあり、出資者の時間も限られる中で非常に厳しい競争です。

エレベーターピッチと呼ばれる1分程度の短いピッチもありますが、普通は15分程度の時間の中でコンセプトやストーリー、対象となる観客やキャスティング案などを簡潔に説明することが求められるのです。短時間のうちに相手の興味を引きつけ、作品がどれくらいビジネス的に可能性があるのかを伝えるのはなかなか難しいものです。

特に重要なのは、いかに「よいストーリー」であるかを納得してもらうという部分です。しかし、限られた時間の中では脚本すべてを読んでもらうのは難しいため、簡潔にストーリーを要約し、かつ魅力的にストーリーを語ることが求められます。

そのため、いかにストーリーの「枝葉」の部分を捨てて、ストーリーの中心になる部分にフォーカスできるかがポイントとなってくるのです。

そして、その究極にシンプルにしたストーリーラインは「ログライン」とも呼ばれ、映画の骨子を「ひと言」でまとめて説明できる一文に集約されます。

例えばスター・ウォーズであれば「宇宙を舞台にした少年と父親の葛藤を描くSFアクション」、タイタニックは「沈む豪華客船を舞台にした男女のラブストーリー」といったように、そのログラインを聞いただけで映画全体のテーマや情景が浮かぶようなものであるとよいのです。

また、なぜこの作品が存在するべきなのか、なぜこの作品を今製作することが必要なのかといった背景も説明できるとさらにいいですね。

巨大な製作費をかけたハリウッドの大作映画も、このようにシンプルな一文で提案され決定していくことから学べることは多いのではないでしょうか。

あなたのアイデアを人に「ひと言」で説明してみると、どんなログラインになりますか？

ディテールの部分を全部省いていって、残ったコアなエッセンスは本当に魅力的なアイデアでしょうか？

全体のストーリーは面白いものになると確信していても、このピッチで説明できるコアな部分が面白く説明できなくては、全体像も聞いてもらえないことでしょう。

アイデアの本質を考える際には枝葉の部分の演出ではなく、このハリウッドピッチのようにシンプルだけどもアイデアフルな骨子から考えると、強いアイデアを生み出すヒントになるのではないでしょうか。

枝葉の情報を捨てて、アイデアの本質を見つめてみましょう。

捨てる格言

あなたの企画を「ひと言」で説明するとどんな企画ですか？

「真ん中」を捨てよう

あなたが誰かにアイデアを説明した時に「いろんなことを詰め込みすぎてアイデアがつまらない」「確かに『正しい』んだけど面白くない」そんな反応をされることはありませんか？

自分としてはきちんと言われた要素を入れているのに「つまらない」「面白くない」とはどういうことなのでしょうか。少しもやもやしたものが残りますね。

そもそも、アイデアに求められる要素とは何でしょうか？

それは、普通の考え方では実現できない「非線形」のクリエイティブジャンプがあるということだと思います。

つまり、これまでの施策に対して何%効率を上げていくという考え方ではなく、まったく違うアプローチで大胆な成果の向上を狙うことです。

そして、そのクリエイティブジャンプに必要なのは「意外性」です。

意外性とは「驚きや発見がある」「思ってもいなかった」といった、人々の想像を超えることであり、今までにない新規性があるものでもあります。

携帯電話にコンピューターを掛け合わせたスマートフォンなどはその代表例です。

では、誰もが考えつく「当たり前の答え」ではなく、意外性のあるアイデアはどうしたら得られるのでしょうか。


それにはまず「真ん中の案」を捨ててみましょう。


課題に対してストレートに答える「真ん中の」アイデアは誰もが否定しづらいので、どうしても最後まで残りがちです。しかし、そこには新しい驚きは少ないのです。

ひと通り順目のアイデアを並べた後は、いったんその方向性を忘れて「とんでもない方向」からアイデアを考えてみましょう。まったく違うところで気になっていることや、とんでもない要素を掛け合わせてみるのです。

常に変革は辺境から生まれます。

普通では思いつかない切り口はないでしょうか。ワイルドな考え方をしてみましょう。

ただし、まったく課題と整合性のない面白いだけの企画は意外性とは言えません。あくまで「意外性のある正解」、正しいけれども驚きがあるアイデアが必要なのです。そして、この意外性のある正解のアイデアを一番考えやすいのは「意外な要素の組み合わせ」でしょう。

先ほどのスマートフォンもそうですし、ビジネス書としては異例の大ヒットとなった〝もしドラ〟こと『もし高校野球の女子マネージャーがドラッカーの「マネジメント」を読んだら』もドラッカーという「一見取り付きにくそうな経営学者」と「女子高生」の組み合わせが意外性を生みました。

ドラッカーの本というと敬遠してしまうような読者にも、どんなストーリーか気になって手にとってしまうパワーがあるアイデアですね。

こういったように「ドラッカーだから難しい」という思考パターンを「女子高生」

というあまりにも異質な要素を組み合わせることで破ることができるのです。
自分がいつの間にか陥っている思考のパターンから抜け出して、意外性のあるアイデアを開発してみましょう。

捨てる格言

「意外性のある正解」を目指そう

「パソコン」を捨てよう

最近ではペーパーレスの動きもあって、紙で資料を書くということは少なくなりました。さらに、手書きの良さを感じられるようなアプリや、タブレットとペンの組み合わせなどもかなり実用的になってきました。

企画書に関しても、効率性を考えて最初からパソコンで書いていくという人がほとんどではないでしょうか。

打ち合わせに関しても、最近ではプリントアウトせずモニターに映しながら説明したり、事前にファイルで共有しておいて各自が持ち込んだパソコンで見ながら説明するという場面も多くなってきました。そして、その後でみんなの書類をマージしてひとつの資料にまとめていく流れが一般的ですね。

こうした、パソコンでの作業は確かに合理的なのですが、アイデア開発という視点から見るとどうでしょうか？

そもそも、手書きはタイピングより脳を刺激して活性化すると言われています。確かにアイデア出しにおいては紙に書くことでより自由な発想が出てくるような気もします。フォーマットを気にせずに文字やイメージを頭に浮かんだそのまま、直感にしたがってアイデアを形にできるのは紙の良さです。これまで手書きで企画を書いたことのない人もぜひ一度試してください。1枚の紙に1企画としてまとめてみましょう。

そして、一番手書きが威力を発揮するのが企画打ち合わせです。

まず企画を説明する段階では、1枚ずつテーブルに広げながら企画を説明していきます。手書きのシートは行間に込められた「ニュアンス」がうまく伝わるので、アイデアの具体的な部分ははっきりしていないけれども、こういった方向性という大きなイメージを共有したいようなこの初期の段階ではうまくワークします。

また、そのシートをテーブルに広げていくことによって自然と他のアイデアとの関係性が見えてきて、アイデアの組み合わせや別の切り口からのヒントになったりします。会議室のモニターやパソコンの画面などでは説明し終わったシートが見えなくなってしまうため、こういったアイデア同士の化学反応が起きにくいのです。

さらに、壁に貼れるのも手書きシートのよいところですね。ひと通り各自が自分のアイデアを説明した後に、おおまかにグルーピングしながら壁に貼っていくことによって今回の企画の大きな方向性をみんなが自然と共有することができるのです。どの方向性が可能性が高いか、どの部分が足りない部分か、どの部分とどの部分は一緒にできるかなど、企画書全体の方向性が見えやすくなると、今後の作業の見通しが立ちやすくなります。

海外の映画やドラマなどで、何かの事件の捜査をしている時に壁一面に関係書類や写真を貼りだし、みんなで眺めているシーンがありますが、これと同じようなイメージです。

また、この手書き打ち合わせメソッドはひとりのアイデア出しでも活用できます。同じように手書きでシートを書き出していき、最後に自分で壁に貼って眺めてみるのです。パソコンの作業では見えてこなかった「あなたの頭の中」がビジュアライズされて見えてきます。そして、自分の頭の中を客観的に眺めた後で、面白い部分を伸ばし、足りない部分をおぎなっていくのです。

これもパソコン作業と比べて、ローテクで一見手間のように見えますが、実はパソコンの白い画面に向かってうんうん悩むよりもアイデアが出てくるので、長い目で見れば結局は効率的なのです。

まずは「パワーポイント」や「キーノート」を閉じて手書きでアイデアを書いてみましょう。

捨てる格言

手書きで頭の中を形にしてみよう

「スマホ」を捨てよう

今やスマートフォンは生活の中ではなくてはならない存在になっています。メールやSNSを使ったり写真や動画も撮れ、ゲームや買い物もできるし、もちろん電話もできます。特にいつでもつながりどこでも持ち運べる利便性からビジネスパーソンの必携アイテムになっています。

僕自身も毎日スマホを使っていますし、いろんなことをメモしてアイデアのタネにしています。

ただ、この便利なスマホも時にアイデア開発のさまたげになることもあるのです。

スマホの最大の問題は「スキマ時間を奪ってしまうこと」です。ちょっとした時間があると、ついスマホでSNSを見てしまい、あっという間に時間が経ってしまうことは、「SNS」を捨てようでも述べた通りです。もちろんそこで有効な情報に触れたり新しい刺激がもらえることもあるので、一概にダメなわけではないのですがポイントは「スキマ時間」が無くなってしまうことなのです。

アイデアを考える際には課題や前提条件、参考になる事例や要素などを頭に入れた上で「ほっておく」時間が必要なのです。これは、ちょうど味噌やヨーグルトが「発酵」するように、あなたの頭の中でアイデアのパーツが組み合わさり「発酵」してアイデアになる時間が大事なのです。

いろんなリサーチが終わり、「さてアイデアを考えてみよう」という段階になったら、「スマホ」を捨ててみましょう（もちろん実際に捨てるのではなく、しばらく電源を切り、見えないところに置いておくという意味ですが）。

スマホを使わない（使えない）ことによって、自然とあなたの意識は集中していきます。そして、しばらくするとあなたの頭の中ではこれまで準備していたさまざまな要素が浮かんでは消えていきます。さらにぼんやりと考えていると、どこかでふとインスピレーションが浮かんでくるかもしれません。

また、ターゲットが実際にいる場所などに実際に行ってみて、スマホをオフにしてみるのもよいですね。ターゲットの顧客の実際の姿を見ながら商品やサービスが使われている姿を想像するとリアリティのある企画につながるでしょう。

週末などのお休みには自然の中でスマホから離れてみるのもいいですね。リラックスした中でアイデアに想いを馳せると、普段は得られない五感からの刺激で新しいインスピレーションが生まれるのではないでしょうか。

実際僕も、週末などに海や山に出かけた際に、スマホをオフにして（ネットにつながっていない）パソコンを開きアイデアを考えた

り書き物をしたりすることがよくあります。すると、自分でも驚くくらい考える切り口や自分の文体が変わったりするものなのです。

アイデアに詰まったら、スマホを置いて外に出てみましょう。

捨てる格言

スマホオフでスキマ時間を作ってみよう

「英語」を捨てよう

「ソーシャルメディアマーケティング」「バイラルマーケティング」「リレーションシップマーケティング」などマーケティングの世界にはバズワードと呼ばれる流行りの言葉が次々と現れては消えていきます。

こういった流行りのバズワードに乗っかったり、響きのいい英語の戦略ワードを使うとなんとなくそれっぽい企画に見えるので、ついつい使ってしまいます。

しかし、バズワードをただ使っているだけであまり考えられていない企画が横行しているのも現実ではないでしょうか。その領域の成功事例を集めて、バズワードをつけて提案している企画書を見ることも少なくありません。

こういったバズワードが本当に機能するのかどうか。

それを見極めるには「英語」を捨ててみましょう。

例えば「バイラルマーケティング」は「話題にさせる施策」と考えると、「あれ、話題にさせるだけでいいのかな?」「マーケティング課題の解決に寄与しているのかな?」とその本質的な意味が分かりやすくなります。

英語だと「それっぽく」聞こえるけども、日本語にすると内容がなく意外とつまらないということも多いことに気がつくのです。こういったバズワードはすぐに飛びついて使うだけでなく、その言葉が持つ本質的な意味をしっかりと理解した上で活用するようにしましょう。

そもそも「ポジショニング」「ターゲット」などマーティングの用語は英語で表されることがほとんどですが、一度英語を禁止して「位置」「見込み客」といったように日本語に言い換えてみると改めてその意味を考えることができます。実際には「ブランド」など日本語に変換しづらい言葉も多いのですが、あえて日本語に言い換えてみようとすると面白いかもしれません。また、こういった言い換えづらい言葉は何かに例えてみると、それがきっかけとなって新しいアイデアになっていくこともあります。

例えば、「スマートシティ」というと少しイメージしにくい言葉も「賢い都市」と日本語にしてみると、「なるほど、賢いならば、都市自体が考えて行動する、つまり生活者それぞれのニーズにあわせて都市がサービスを提供してくれるのか」などと具体的なアイデアが生まれてきそうではないですか?

この英語禁止メソッドは、打ち合わせでも使えます。

「ブランドのプロポジションは……」「ターゲットのニーズが……」「データをフォージョンして……」などカタカタ言葉が飛び交う会議を「英語禁止」にしてみましょう。

驚くほど言葉が出てこなくなるのではないでしょうか。そして、日本語で話し始めると思った以上に普通のことを「それらしく」語っているだけなことに気がつきます。実際には日本語にできない言葉があったり、日本語とは少し意味の違う言葉しかない場合もあるのですが、あえてそういった日本語を使うことで会議が思わぬ方向にドライブして新しい切り口が浮かぶかもしれません。
英語禁止の打ち合わせ、一度試してみてはどうでしょうか。

捨てる格言

日本語で考えることで本質に気が付く

「空気を読む」ことを捨てよう

マーケティングでは「空気を読む」ことが重要とされています。

「空気を読む」とは、会話やその場の雰囲気から状況を推察する能力のことを指し、対人関係から時代の気分や流行など広い意味で使われます。

日本的な文化の中では、多くを語らずとも相手の気持ちを推し量って行動することが必要とされており、「場の空気」を読んでどのように行動するかがその人の評価につながるとされています。

日本人論の名著とされる山本七平『「空気」の研究』では、「「空気」とはまことに大きな絶対権を持った妖怪である。一種の『超能力』かも知れない」とまで述べ、人々の行動や発言を操る「空気」の存在を指摘しています。

最近では、ソーシャルメディアでの発言が切り取られてネガティブに取り上げられることも増え、インターネット上でも場の雰囲気を読むことが求められるようになってきました。

今では日常生活だけでなく会社やブランド・サービスなども空気を読んだ行動が求められるようになり、マーケティングなどの企業活動もさまざまな要素を考慮に入れて、ネガティブな反応が出ないように「空気を読んだ」企画が求められるようになってきました。

しかし、全方位に気を配り、さまざまな条件をパズルのようにクリアしようとするあまりに凡庸なアイデアになってしまうのであればそれはアイデアと呼びません。条件は満たしているけども面白くない、付加価値を生まないアイデアになるようであれば、再考が必要です。

こんな時は「空気を読む」ことを捨ててみましょう。

一度スタートに戻って、本来解決すべき課題は何なのかをしっかりと見つめ直してみるのです。そのスタート地点からあなたの直感にしたがって本質的な課題解決のアイデアを考えるのです。

「そもそも」この商品やサービスが与える価値がどう顧客の生活へインパクトをもたらすのか、その本質価値をどう表現するのか、どんな体験をしてもらうのか、どうSNSにシェアしてもらいたいのか、送り手の事情ではなくあくまでも生活者視点で想像してみましょう。

例えば、ある商品のスペックを訴求したい時にスペックそのものをアピールするのではなく、顧客のライフスタイルの世界でスペックを表現してみるといったように、生活者の立場に立った価値訴求を考えてみるのです。さらに、スペックが表されているカタログそのものをエンターテインメントで表現してみるといったアイデアも考えられるかもしれません。

そこでは「空気を読む」のではなく「空気を作る」アイデアが求められているのです。最初から制約条件の枠の中で考えるのではなく、自由な発想でアイデアを広げた後でそこから制約条件を今一度検討しアイデアをブラッシュアップしていく、この順番が大事なのです。
さまざまなことを盛り込もうとするあまりにアイデアが凡庸になってしまう時には、空気を読むことを捨てて、原点に戻ってみましょう。

捨てる格言

直感でワイルドに空気を作ろう

「夜型」を捨てよう

アイデアは夜生まれるという風に言われていた時代もありました。

普段の仕事ややるべきことを終わらせて、夜中にひとり机に向かいアイデアを考えていると、自分の頭が冴えてきていいアイデアが浮かぶような気がするのです。

確かに多くのアイデアはそうやって夜中に生まれてきました。静かな時間の中で、これまでインプットしてきたことをゆっくりと反芻しながらアイデアが浮かんでくるまで時間を過ごしていると、いつしか朝になっていることもしばしばありました。特に朝が近くなると「何かアイデアを形にしなくてはいけない」という自分へのプレッシャーで頭をフル回転させているような気分になるのも、よかったのかもしれません。

かつては僕もそうやってアイデアを考えるのがベストだと思っていた時期もありま

した。

しかし、これは大きな間違いだったと思います。

短期的に考えるとこの「夜型」の強制的な発想法はある程度の効果があると思いますが、長期的な視点に立つと決してお勧めできるものではありません。夜型の生活はあなたの健康に影響を与えます。

寝不足で翌日の仕事に挑むと、当然ながら仕事のパフォーマンスは落ちてきます。普通であればできる仕事の効率が落ちることで長時間の仕事につながり、さらに効率が悪くなっていく。悪循環です。

こんな時は「夜型」を捨てて「朝型」にシフトチェンジしてみましょう。

そうすることによって、フレッシュな頭で「持続的に」素晴らしいアイデアを考えることが可能になってくるのです。実際に僕自身も長年、夜型の生活を送っていたのですが、あるコミュニティに参加したことで朝型に変えることに成功しました。

そのコミュニティではみんなで早起きをして朝にプラスの活動をしていこうというコンセプトでいろいろな活動をしているのですが、その一番の目玉が「朝の読書会」

です。朝7時半（！）からさまざまな本の著者を呼んで話を聞くのです。朝にみんなでコーヒーを飲みながら話を聞き、ディスカッションをしても9時には終了し会社の始業時間に間に合うのです。最初はＳＮＳでこのコミュニティのことが流れてきて、「さすがに7時半に参加するのは難しいな」と感じたのですが、興味本位で一回参加してみるとこれがかなり気持ちが良かったのです。

早朝に頭をフル回転させると、一気に自分の中のエンジンがスタートしていくような感じなのです。その時だけではなく、午前中や午後の早めまでいつもよりは仕事のペースが上がったような気にもなりました。確かにその分、夜は早めに眠くなるのですが、そのために早寝もできるのです。特に、夜型のようなどんよりした気分ではなくスッキリした気分になるのがいいところでした。

この読書会をきっかけに朝型の生活を取り入れ始めることによって、アイデアも朝に考えるようになりました。そうすると、夜型のプレッシャーの中の企画とはまた違った切り口も浮かんでくるようにもなったのです。

何より朝型の場合は「決まった時間に机に向かう」ことができるのが一番の強みで

す。少し早く起きて、空いた時間に机に向かうことで毎日しっかりとかつ健康的にプランニングの時間を取ることができるようになりました。僕の場合は、この朝型の習慣化で毎日少しずつ自分の考えを書いていくことで、最終的には本を出版することができ、その朝コミュニティで自分が話をするまでになりました。

夜型のアイデア開発で疲れている人は、ぜひ朝型のアイデア開発にチャレンジしてみてください。

捨てる格言

アイデアは朝生まれる

「なんとなく」を捨てよう

打ち合わせの最初の段階では、アイデアの方向性を共有するためにそれぞれが持つざっくりとしたイメージで語り合います。そこでは具体的なアイデアではなく「コンセプト」について話していくのですが、その先の具体的なアイデアの話になってくると前に話していたコンセプトとブレてくることがあります。

このようなイメージを中心としたコンセプトと具体的なアイデアとの間のギャップをどうブリッジしていけばいいのでしょうか。

これは、人が提示したイメージと自分が理解したイメージにずれがあるために起こることなのです。

ですので、こういった場合には「なんとなく」を捨ててみましょう。

「なんとなくこのイメージはいいね」「この事例はなんとなく面白そうだね」「このテクノロジーはなんとなく使えそうだね」などと感じていた「なんとなく」の部分を具体的に言語化して話し合ってみるのです。

「この演出は今の若者の寂しい気持ちを表しているから心に響くのではないか」「このCMはベタなところが逆に真実味があるのではないか」などと、「なぜ」この事例が面白いのか、その要素を因数分解して考えてみることでみんなの認識が共有できていくのです。

誰かが「これっていいよね」と言い出したら、「なぜ」いいのか、「なにが」いいのか言葉にしてみましょう。そうすることによって、その人も気がつかなかった一段深いインサイトが掘り出せるかもしれません。また、同じ事例やアイデアでも人によって評価するポイントや切り口が違うので、ひとつのアイデアを多角的に捉えることができるのもいいところです。

さらに、「なぜ」「なぜ」「なぜ」と繰り返していくことによって、より本質的な価値を言語化していくことにもなります。

このように「なぜ」を考えていく姿勢は、日常でもトレーニングができます。あなたが普段目にするアイデアや流行、人気のセレブリティなどを見た時に「なぜ」この人は人気があるのか、なぜこれはヒットしているのか、その理由をその場で言語化してみるのです。

さらにその理由を人に話してみるのもいいですね。テレビで流れるニュースやCMを見ながら、このトレーニングを繰り返していけば、打ち合わせの時にも自然とアイデアの裏にあるインサイトや要素を自分の中で言語化していけるようになります。

こうやっていろんなアイデアを要素分解して理解できれば、他の人に対して「なぜ」あ

なたのアイデアが優れているのかを説明する時にグッと差がついてきます。
表層的なイメージを「なんかこれいいですよね」で語らずに、「こういう要素があるからいいんです」と語れるようになれば、大きな進歩だと思います。

捨てる格言

「なんかいいね」ではなく「なぜいいのか」を語ろう

「送り手発想」を捨てよう

アイデアを考える際にはあなたは何を大事にしますか？

誰にでも分かりやすく、簡単に理解できるように、シンプルに、ストレートに考えていくことも大事な要素です。

しかし、優れたアイデアには「聞いてすぐに分かるアイデア」と「一回聞いただけでは分からないアイデア」両方があるのです。

「このＳＵＶはファミリー向けの装備がたくさんある」ということを伝える時に、事実をそのまま伝えるというやり方もあります。「こんな装備やあんな装備、いろいろ付いています」と言われると、確かに言わんとすることはストレートに伝わります。しかし、それが魅力的に伝わっているかはまた別の問題です。

例えば、この装備がファミリーの生活にもたらす価値にフォーカスしてみると「この車で週末キャンプに行ける」「この車でビーチに行ってみよう」といったように「この車でこんな生活ができます」というような言い方になります。その上で「この生活を可能にするのはこの装備です」というように伝えることによって、その車の装備がもたらす価値をターゲットの生活価値に変換して理解することができてくるのです。

同じように「飛行運賃を割引します」ということを伝える時に、単に割引を言うだけではなく「あなたが行きたかったこの旅行先にこの価格で行けますよ」と言った方が魅力的に聞こえませんか？

こういったメッセージの発想はどこからくるのでしょうか？

それは「誰を主語にするか」の違いなのです。

メッセージの送り手を主語にするのではなく受け手である生活者を主語にして、そのインサイトを想像してみましょう。そうすることによって送り手が意図していることが、ターゲットの生活の中でどういう風に使われるのか、どう彼らの生活を変えていけるのかを具体的にイメージすることができるのです。

不思議なもので、「会社員としての自分」がアイデアを考えると送り手側の発想になってしまうのですが、「イチ生活者としての自分」という立場でそのアイデアを考えてみると、まったく違った切り口を考えつくことができるのです。

伝わるアイデアを考えるためには、まず「送り手発想」を捨ててみましょう。

受け手の気持ちに立ってみて、その立場から見たその商品やサービスのメリットに変換してみるのです。

ストレートに言いたいことを伝えるメッセージに対して一見まわりくどいように聞こえますが、この変換を行うことによって「より効果的に」メリットを伝えられるので、結局はよく伝わるメッセージになるのです。

逆に言えば、どんなに声高に言いたいことを言ったとしても、伝わらなければそれは意味のないことなのです。

僕が仕事を始めた時に、当時の先輩に「コミュニケーションは受け手が優先」という言葉を教えてもらいました。これは、何かを伝えたい時には、そのメッセージの「送り手」ではなくてメッセージの「受け手」が優先されるということです。あくまでもそのメッセージを受けた人がどう思うかがすべてなのです。
何かを伝えたい時には、送り手発想を捨てて受け手発想で考えてみましょう。

捨てる格言

常にコミュニケーションは受け手優先

「お約束」を捨てよう

コミュニケーションの企画を考える時に、つい「ベタな企画」を避けてしまうことはありませんか？

いわゆる「ベタ」な企画ではなく、うまく言いたいことを表現して綺麗に見せていく。悪くないように思いますね。

しかし、このデジタル時代において大事なのは「スピード」です。

ＳＮＳやニュースなどにその話題が流れてきた時に、ひと目見たときの「分かりやすさ」や「一瞬で分かる面白さ」が求められているのです。

見てすぐ分かる、聞いてすぐに理解できる、そんなスピード感を大事にしていきましょう。

そして、こういったスピード感のあるコンテンツには「ベタなものの組み合わせ」が意外なほど効くのです。

「ベタさ」とは、誰もが想像できる物事のことで、こうボケればこう突っ込むよねといったようにお笑いの世界などでよく使われる言葉です。「お約束」とも言われるみんなの共通認識ですが、時にこの流れを変えることによって意外なオチにつなげていくこともあります。

しかしこの「お約束」をもう一度捨ててみるのです。

アイデアで言うと、これにはこれの組み合わせだよねというベタな思い込みをうまく裏切ることによって、新しいアイデアを生み出すということです。

例えば、小倉トーストです。

名古屋発祥と言われるこのメニューは、トーストにはバターやジャムというお約束を、トーストとあんこの組み合わせという意外性で見事に裏切り、今では日本中で知られるような名物になりました。最近ではそのビジュアルインパクトもあわせてさらにポピュラーになってきています。

最近では「うにく」という「うに」と「生肉」の組み合わせが人気になっているように、これまで普通だと思われているものも、その組み合わせによってまったく新しい価値を生み出すことができるのです。

同じように、「ナイトプール」などもその一例です。

プールは昼間という共通認識をうまく裏切り、夜のホテルと組み合わせることによって若者に人気になりました。特に夜のプールで楽しんでいるというそのビジュアルは、普段何気なく見ているプールがまったく違って見えてくるということでインスタグラムなどで話題になったのです。

これらの例に共通するのは、ひとつひとつの要素は割と昔からあるベタなものですが、ベタ×ベタ＝アイデアになるということです。

夏の企画を考えようとした時に「プール」は普通だから話題にならないよね、「夜のホテル」に若者は興味ないよねといった「お約束」な考え方を捨てて、そのベタなものをさらにベタなものに組み合わせてみましょう。そうすれば、誰も考えつかなかったアイデアにたどり着くのです。

ここでのポイントは、元の要素がベタだからこそ、その組み合わせが新鮮で話題になるというところです。みんながこうだよねという思い込みが強ければ強いほど、ベタすぎて誰も興味を持たなければ持たないほど、その組み合わせのアイデアがパワーを持つのです。

ちょっと昔に流行った、ちょっとアウトトレンドなものや体験を今一度見直して、新しい組み合わせを試してみましょう。

捨てる格言

お約束を裏切る時にアイデアが生まれる

「質」を捨てよう

あなたはアイデアを考える時に何案くらい考えますか？

実現するのが1案だとすれば、考えるのは数案程度でしょうか。

実際に企画の打ち合わせをしていても、アイデアを数多く持ってくる人もいれば2～3案、時には1案しか持ってこない人もいます。スタイルは人それぞれでいいのですが、アイデア出しの段階で案数が少ないのはもったいないなと思います。

少ない案で完成度を高めようとする気持ちも分かるのですが、特にアイデア開発の最初の段階においては、質より量が大事になってきます。

まずは「質」へのこだわりを捨てましょう。

この段階でいろんな方向を考えておくことによって、いろんなアイデアの可能性が広がってくるのです。

最初はどんどんアイデアの断片を形にしていきましょう。こういったアイデア出し今ではいろんなアプリやソフトもありますが、やはり紙にアイデアを書き出すのは効果的な方法です。1枚1企画として、手書きでどんどんラフなアイデアの輪郭を描いてみましょう。ここで紙に書いていくのは、しっかりとしたアイデアの形になっていなくても大丈夫です。ちゃんとした言葉でなくイラストや記号などでもかまいません、アイデアのエッセンスを感覚的に形にしていくのです。そして、たくさんのアイデアを形にしてみることで、そのアイデア同士の化学反応を起こすのです。

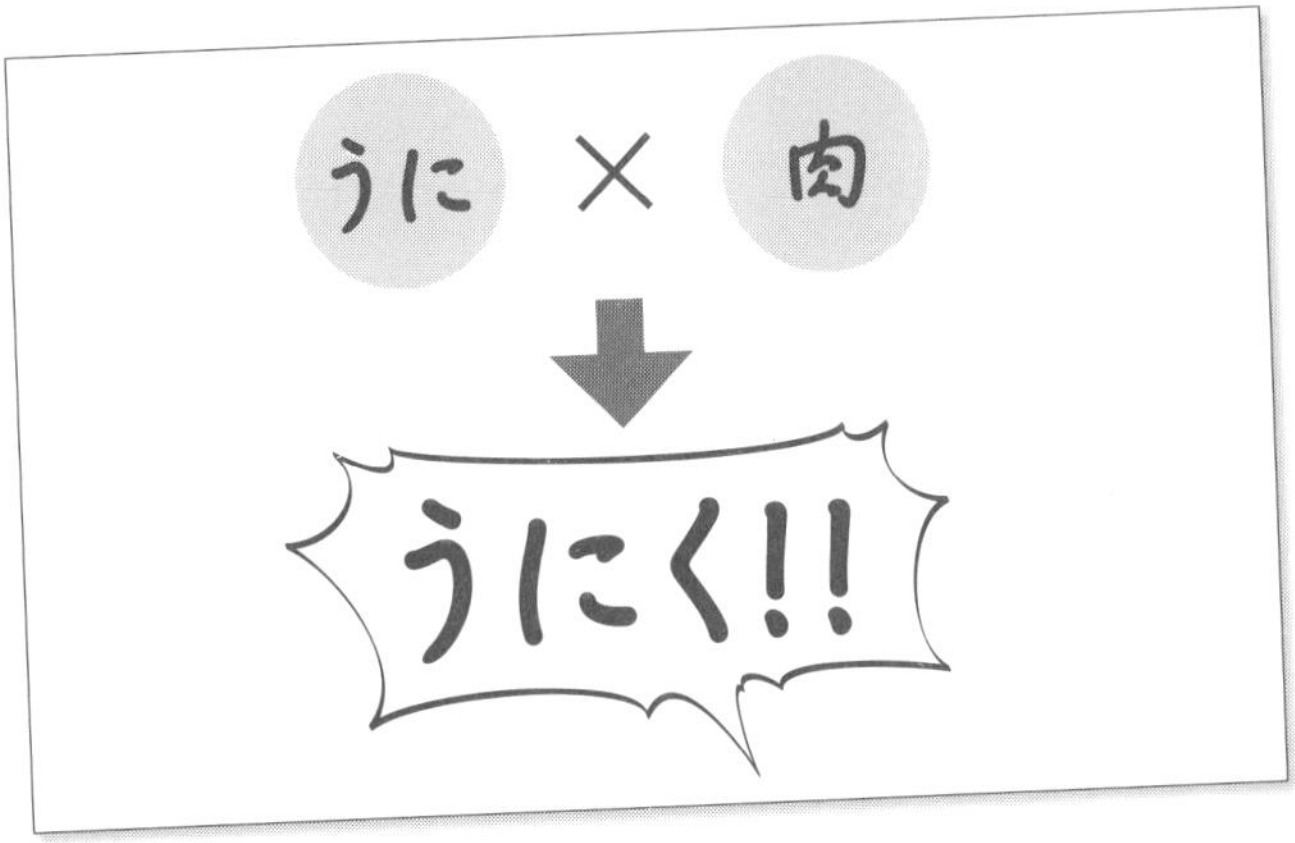

最初から「質の高い」アイデアを求めようとするのではなく、とにかく「量」を出すようにしてみましょう。「今日は30案出すぞ」と案の数を決めてしまうのもお勧めです。強制的に案を出すことを自分に課すことで、苦し紛れに出てくるアイデアの中に、素晴らしいアイデアがある場合も数多く見てきました。結局は、量を考える中でいいアイデアが生まれるのです。

もちろん、くだらないアイデアも大歓迎です。そのくだらないアイデアが他のアイデアと組み合わさって新しいアイデアが生まれることもあるからです。

打ち合わせにおいても、こういった化学反応が生まれることもあるので、しっかりと形になった企画でなくてもテーブルに上げる意味はあります。「いや、まだ形になってないんですけど……」と前置きをした上で、どんどんくだらないアイデアをシェアしてみましょう。相手がさらにくだらないアイデアを出してくれれば、打ち合わせはさらに盛り上がっていくでしょう。

そして、こんな時にそれぞれのアイデアを組み合わせたり、比較したりする際にも1枚1企画の紙は便利なのです。

最近では打ち合わせもペーパーレスですべての資料をモニターで映したりデータで共有するようになってきましたが、最初の段階のブレストにおいては紙もうまく使っていきましょう。
何より楽しんで量を出すことで、自分の殻を破っていきましょう。

捨てる格言

量は質を凌駕する

「案」を捨てよう

多くの案を考えたとしても、最終的に残るのは1案です。とすると、どの案を残してどの案を捨てていけばいいのでしょうか？ 多くのアイデアを出すよりも、むしろどの案を選ぶかの方が難しいのではないでしょうか？

こんな時、僕は「感性で考えて、理性でチェックする」ようにしています。

まずは、与えられた前提条件をしっかり頭に入れた上で、自分の感性や直感にしたがって自由に発想を広げてみます。この段階では実現可能性やコンセプトとの整合性などはあまり気にせずに、できるだけ多くの案や方向性を出していきます。

そして多くの案が出てきた時点ではじめて、本当に与えられた与件をクリアしているか、コンセプトと整合性は取れているかなどといったように理性やロジックでチェックしていくのです。

まずは感情や直感の右脳で自由に考えてみて、その後にロジックの左脳でチェックしていくといったように、自分の中で二つの面からアイデアを見ていきましょう。最初に感性で考えて後で理性でチェックする、この順番も大事です。

この順番を逆にして、最初からロジックでアイデアを積み上げていってもそこにマジックは起こりません。

「今はあえて右脳的にワクワクを重視しよう」「面白いアイデアだけど、今は左脳のロジックでチェックしてみよう」といったように、右脳と左脳を意識的に切り替えていきましょう。この右脳と左脳のキャッチボールがうまくいけば、面白さがあり納得性の高いアイデアになっていくのです。

そもそもアイデアには、みんながWowと感じるいわばマジックのような非連続的な発想のジャンプが必要です。だから、最初は思い切って振り切って考えてみるのです。完璧さは必要ありません。あえて、自分の中にあるロジックのリミッターを外して発想を広げてみることによって、普通ではたどり着かないところまで意識的に飛んでみましょう。そしてその後は自分の性格を切り替えて、ロジックでチェックして条件に合わない案を捨てていくのです。

そもそも、新しいことや面白いことを提案し、実行していくには関係者のみんながそのアイデアに「腹落ち」する必要があります。だからこそ、最初は相手やターゲットの求めることを「感じて」アイデアにするのです。そこで共感した上で、目的や目標に向けた戦略やロジックとの整合性を説明できれば、相手の中でしっかりと「腹落ち」できるのです。このように案を捨てていく順番を決めていくことで、より質の高いアイデアを残していきましょう。

捨てる格言

ロジックとマジックを両立しよう

第4章

「実現」する

～どうやって説得し実現していくのか?～

「包装」を捨てよう

誰かに企画を説明する際に、一生懸命言葉を尽くして伝えようとしてもなかなか伝わらないと感じる時がありませんか。こちらが話せば話すほど、相手の関心が離れていくような感覚は誰しも覚えたことがあるのではないでしょうか。

企画を実現するために、中身をしっかりと説明したいという熱意は非常に大事なのですが、実はその熱意が逆効果になっているのです。

言うまでもなく、アイデアは中身が大事です。聴く側の立場からしても、だらだらと言葉を重ねられるよりもアイデアの核心をズバッと説明してもらった方が嬉しいものなのです。

こんな時は、アイデアの「包装」を捨てましょう。

アイデアのまわりにある余計な包装を取ってしまい、「アイデアを一言で言うと何なのか」を自分の中で整理してみるとより伝わりやすくなります。

「枝葉を捨てよう」の項目でも紹介しましたが、ここで言う一言のコンセプトとは、「アイデアを他の人に分かりやすく伝えるために考えをまとめた言葉」です。

誰をキャスティングして、どんなメディアを使って、どんなトーンで表現するといったような要素は、アイデアを包む「包装」です。ズバッと一言でアイデアの本質を伝えてみましょう。

例えば、ＡＫＢ48のコンセプトは「会いに行けるアイドル」です。このコンセプトを聞いただけでどんなアイデアのアーティストなのかがすぐに分かり、興味を持ってもらえます。そして、この一言で説明できるコンセプトをアイデアの中心に置くことで、さまざまな人の意識が統一できるのです。

企画の説明において、この「一言コンセプト」は効果的です。

そして、この一言を生み出すには「Simple, Speed, Share」の3つのSを意識してみましょう。

まずはSimpleであること、これは間違いないですね。一言で伝えられる短さと、誰もが理解できる簡単な言葉で説明できること。これがスタートです。そしてSpeedですが、これはいかにその企画意図が早く伝わるかを意識するということです。まわりくどい表現や説明を極限まで削ぎ落としてみて何が残るか、そこにアイデアの本質が隠れています。最後のShareは、その企画がSNSやニュースなどで話題になるかどうか、みんながShareしてくれるかどうか、つまりその企画が話題になりそうかどうかという基準で考えるということです。

この3Sをベースにあなたのアイデアを一言にしてみると、どんな一言になりましたか？

そして、次はその一言をメンバーや関係者に話してみましょう。そうすると、相手の反応で一言が伝わったかそうでないかが見えてくると思います。その反応を見ながら、アイデアが伝わっているかどうか、もしくはアイデア自体がつまらないのかどうか判断していきましょう。

いいアイデアは一言で説明できるものです。

いらない包装は捨てて、アイデアの本質で勝負していきましょう。

捨てる格言

アイデアは包装より中身

「プレゼン」を捨てよう

プレゼンとはプレゼンテーションの略で、社内外の関係者に対して企画の提案などを行う際に行われます。意思決定の大事なタイミングで行われることから、企画作業の非常に大切なポイントと考えられています。

広告の提案であれば、通常パワーポイントやキーノートを使って、1時間程度で考え方やコンセプト、具体案にスケジュールやコストなどを説明し、質疑応答が行われます。大規模なプレゼンであれば双方の出席者あわせて20名を超える場合もあったりします。

このプレゼンの結果で仕事を獲得したり失ったりすることも多いことから、これまではプレゼンの場が重要視され、そこに向けて大きな労力がかけられていましたが、最近ではちょっと風向きが変わってきたように感じます。

一回の大きなプレゼンですべてを決定するというよりは、パートナー企業と一緒にチームとなって課題解決に挑むことが多くなってきたのではないでしょうか。これはすべてがデジタル化していく中で、競争環境やメディア環境など大きく前提条件が変わってきたため、与件や課題を設定しづらくなってきたことがひとつの原因だと考えられます。

こういった変化の時代には今までの「プレゼン」という考え方を捨てる必要があります。

特に意識すべきはその「スピード感」です。

しっかりと時間をかけて企画書を作成して

大人数でプレゼンを行うというよりは、アイデアのおおまかな方向性が見えた時点で意思決定のキーマンに対してラフな形でアイデアの概要を伝えてしまうのです。

形式も、しっかりとした企画書というよりは、アイデアの骨子を簡潔に説明してみましょう。

それに最適なのは「ＬＩＮＥ」や「メッセンジャー」です。

アイデアの内容を短いメッセージに凝縮してＬＩＮＥで相手に伝えてみましょう。確かにメッセンジャーでプレゼンすると考えるとなかなか難しいですね。しかし、あれもこれも説明したくなるところをぐっと抑えてコアなエッセンスだけに絞ってみましょう。キーマンほど忙しいということもあり、短時間でずばりと核心をついた提案がうれしいものです。

時間をかけて考えている方向性が大きく違う提案をされるよりは、早い段階で方向性を共有できたほうがお互いにメリットが大きいのです。考えている方向性がよいかどうか事前に「当ててみる」ことによって双方が同じ目線に立てるのもよい点です。何よりスピード感のあるやりとりは変化の時代にぴったりです。著名なクリエイターで「LINEでの提案しか受け付けない」という方もいると聞きます。

また、いきなり提案の核心を送るのではなく、日常的に面白いと思った事例やコンテンツを共有しておいたりすると同じ感覚でアイデアを見てもらえるのでよいですね。

LINEかメッセンジャーでのプレゼン、一度試してみてはどうでしょうか？

一回このスピード感に慣れてしまうと、もう通常のプレゼンに戻れなくなるかもしれません。

捨てる格言

メッセンジャーで企画説明、これでいいんです

「まとめ」を捨てよう

企画もある程度まで進んできていくつかの方向性が見えてきた時、そのアイデアたちをうまくまとめたくなりませんか。

「今回の提案は三つの方向性があります。まず一つ目は……」といったように、方向性ごとにいくつかのアイデアをまとめて、だいたいの場合は三つほどの選択肢に絞っていきます。しっかりと全体を俯瞰した上で抜けや漏れのないように全方位に気を配り、いろんな要素を入れ込んだアイデアは一見ちゃんとした提案のように見えます。

しかし、こういったしっかりとした「まとめ」の提案は、時に逆効果になることがあります。

ちゃんとまとまった提案であるがゆえに、そこで考えが止まってしまい、なかなか前にドライブしていかないのです。

提案してみて、「間違いではないけど、何となく面白くない」「今ひとつアイデアに乗ってみようという気が起きない」といったような反応の場合は、一度提案のまとめ方を考え直す必要があります。

こんな時は「まとめ」を捨ててみましょう。

まとめる前のラフなアイデアやちょっと変わった方向性のアイデアをそのまま相手にぶつけてみるのです。

実感としても、話題になるような面白いアイデアは、しっかりとまとめるよりもゆるく提案してみた方がうまくいく場合が多い気がします。ゆるっとしたアイデアの状態でカジュアルに伝えてみるとあなたの企画意図のニュアンスがよく伝わり、相手の意見との化学反応も起きやすくなってくるのです。こういったように、相手のアイデアが入る余地を残すことでアイデアの実現に向けて進む力も出てきます。

また、アイデア自体もうまくまとまったものではなく、みんなが突っ込んでくれるような余地を残すことも大事です。

しっかりと最後までの実現方法を計算するのではなく、こんな方向性が面白いなあというレベルでアイデアをテーブルに載せるのです。

「これにこれを掛け合わせると面白くなりそうなんだけど」「最近流行っているこのアプリのこの考え方が面白そう」といったように、アイデアのおおまかな枠組みだけ提示してみましょう。企画自体にも余白をつくることで、みんなが突っ込んでくれて盛り上がる企画になっていきます。打ち合わせなどでも、みんなが盛り上がって思いもよらない方向に企画がドライブした時にそのアイデアは面白くなります。

もちろん最後までしっかりと考えることは大事なのですが、あまりにも完成されたアイデアは簡単に突っ込めずあまり企画が盛り上がらないことも多いので、わざとラフなままにすることでみんなが参加してくれて「自分ごと化」することができるのです。

アイデアは化学反応です。自分の中で化学反応を起こすだけではなく、メンバーやクライアントとともにお互いの考えをぶつけあうような土台となるアイデアの芽を共有していきましょう。
自分の考えをプッシュするだけでなく、時には相手から突っ込まれるような姿勢が結果としてよりよいアウトプットにつながるということを覚えておきましょう。

捨てる格言

押してダメなら引いてみよう

「嘘」を捨てよう

現代は、デジタル化によって情報が爆発的に多くなり、毎日情報に振り回されています。また、フェイクニュースなどの問題もあり、何が本当で何が嘘か判断が難しい時代になってきています。そんな中で人々はいろんな企業やブランド、サービスからのメッセージも何を信じていいのか分からなくなってきています。

日本ではこれまでは「本音と建前」を重んじる社会でした。本音とは人が持つ嘘偽りのない価値観のことなのですが、本音を表明することは、世間的には適切でないとされる場合が多いものです。その時には、建前を使って相手との関係をうまく保ったり、社会的に信用される行動を取ることがよいこととされてきました。

しかし、この建前がインターネットによって見透かされてくるようになったのです。

例えば、週末に行きたくない相手にゴルフに誘われた時に「すみません、今週末は仕事になってしまって」というような言い訳で断ったとしても、その人が週末に友人と遊んでいるSNSを見て真実が伝わってしまいます。人間関係がうまくいくようにと使っていた建前が、ネット社会では機能しないのです。

これは企画やアイデアにも同じことが言えます。

美辞麗句である商品やサービスを褒めたコミュニケーションを行ったとしても、実際のユーザーの声がSNSにあふれている現代では、そのメッセージの嘘が見透かされてしまいます。インターネット社会においては、商品やサービスだけでなく、企業やその社員の行動にも厳しい目が向けられています。表で言っていることと、実際の行動との乖離があればすぐに集中砲火をあびてしまいます。

こんな時代には「嘘」を捨てましょう。

これまでのように、企業からの「飾った」情報を発信するのではなく、本音ベースのコミュニケーションを重視するのです。ユーザーの使用実感や感想などを活用するだけでなく、自社の製品の足らない部分なども積極的に発信していきましょう。「この部分は競合商品に勝っているけど、ここはあえて勝負しない」といったように本音ベースで語っていくことで信頼を勝ち取ることが大事なのです。「きれいに形がそろった野菜よりも形はそろっていないけど美味しいですよ」といったように、ちょっとしたダメージや欠陥があっても品質を保証した方が安心できるのです。

アイデアも「盛る」のではなく、リアリティに基づいたファクトベースをどう活用できるのか、ユーザー目線での本音を信じた企画にするべきなのです。

「盛らずに盛り上げる」ことを目指しましょう。

捨てる格言

デジタル社会は本音社会

「説得」を捨てよう

企画の説明などのプレゼンテーションを行うときに、あなたはどんなスタイルを理想としていますか？

かつてスティーブ・ジョブズが行っていたような「素晴らしい」プレゼンテーションをイメージする人も多いのではないでしょうか。

プレゼン資料や言葉使い、間の取り方、服装まですべてが計算された完璧なプレゼンテーションは確かに魅力的です。シンプルで力強いそのスタイルは多くの人を魅了し、今でも伝説的なプレゼンと称されています。僕自身も彼のプレゼンは大好きで、ビデオでよく見返していました。

そのシンプルに研ぎ澄まされたプレゼン術は多くの人に影響を与え、彼のスタイルはプレゼンテーションの究極の姿とされてきました。彼のプレゼン術を解説した書籍や記事は、今でも数多く目にすることができます。

しかし、すべてのプレゼンが彼のようなスタイルであるべきなのでしょうか？

あなたが会議室でお得意先や上司へ企画説明をする際に、スティーブ・ジョブズのような「素晴らしい」演出で説明することが本当に効果的なのでしょうか？

やはり、その場その場にあった適切なスタイルがあると思います。

企画やアイデアの提案は「そのアイデアが認められること」がゴールです。その目的のためには、素晴らしいプレゼンテーションで「説得」するより、「共感」を得ることが必要なのです。

プレゼンテーションを受ける逆の立場で考えてみるとよく分かるのですが、滔々《とうとう》と企画やアイデアの説明を30分聞かされるよりも、その企画があなた自身の抱えている課題をどうやったら解決してくれるか「相談」したいのです。

つまり、プレゼンテーションを行う側はプレゼンテーションを受ける相手の「仲間」

だと思ってもらうことが大事なのです。

そのためには、「説得」するという考え方を捨てましょう。

流れるような完璧な説明を目指すよりは、しっかりと相手を引き込むプレゼンを目指すのです。

それでは、プレゼンに相手を引き込むには何が必要なのでしょうか？

それは、相手に質問してもらう、もっと言えば突っ込んでもらうということなのです。

そのためには、あなたから見た企画の面白さだけでなく相手の立場から見た価値を感じさせましょう。あくまでもプレゼンの受け手目線に立って、彼らのメリットを説明するのです。そここそが受け手が興味のあるところなので、「具体的にはどういうメリットがあるのか」「本当に実現できるのか」といったように反応してもらえるのです。

当然、こういった質問に対しては想定の回答を用意しておくべきです。自信を持って、すぐに答えを返すことで相手の納得性や信頼も深まります。
こういうインタラクティブなやりとりで生まれる「共感」こそが、企画やアイデアの提案に求められるのです。

捨てる格言

プレゼンは説得する場ではなく共感を呼ぶ場である

「儲け」を捨てよう

仕事で企画を考える時、基本的には会社の利益のための企画を考えると思います。「こうやったら商品が売れる」「こうやったらサービスの利用者が増える」といったように、こうやったら自分たちが儲かるということを目指してアイディアを考えます。もちろんそれは間違いではありません。

しかし、それが行きすぎてしまうとどうなるのでしょうか。自分たちのメリットが優先されてしまい、時にはユーザーのためにならないこともやることになるかもしれません。自分たちの利益をまず先に置いてしまうと短期的にはよいかもしれませんが、長期的に見ればユーザーが離れていってしまいいいことはありません。

お金は最後についてくるものです。

まず、自分たちの「儲け」を捨ててみましょう。

ユーザーにとってのメリットを最優先に考えてみるのです。

昔から日本では「お客さま第一」という言葉が使われてきました。これはお客さまのメリットを第一に考えることによって、最終的には自社のメリットにつながるという考え方からきています。お客さまに喜んでいただける商品やサービスを提供できる会社は、信頼を勝ち得てずっと成長し続けられるということです。

これは顧客の満足度を向上させ続けることが、パートナーとの良好な関係を構築し長期的な利益につながるという考え方です。

お客さま第一で考えるということはどういうことなのでしょうか。例えば、自社の商品やサービスではなく、競合の商品やサービスがお客さまのニーズにあっているという場合には、その商品を勧めることもあるかもしれません。短期的に見ればマイナスではありますが、相手の信頼を得られることによってより長期的で大きな仕事の関係になるということです。

アイデアの提案でも同じことが言えます。「自分がこれをやりたい」「これが面白いと思うんですよ」と言われても、提案を受け取る方はピンときません。なぜなら、究極的に言えば、受け手の方は「この提案が自分にとってどんなメリットがあるのか」にしか興味がないからなのです。ですので、企画の提案はあなたから見たアイデアの面白さではなく、そのアイデアがもたらす相手のメリットについて語るべきなのです。

僕が新入社員のころ、企画が通らず悩んでいた時に先輩から言われて今でも心に残っている言葉があります。それは「企画書は一枚でいい。相手のメリットだけ書け」というも

のでした。それまでの自分は企画を通したいばっかりに、アイデアの面白さやこちら側のロジックだけで企画を説明していたのです。しかし、大事なのは相手がその企画を実施した時にどんな効果があるかということだったのです。

そして、言われた通りにロジックを変えて相手のメリットにフォーカスした説明をしたら、驚くほど簡単に同じ企画が通ったのです。

このシンプルな教えは今も大事に守っています。

捨てる格言

企画書は相手のメリットにフォーカスすべし

「起承転結」を捨てよう

普通、アイデアの企画書というとどんな体裁を思い浮かべますか？

与件の整理から始まって、市場環境、競合やターゲット分析、そこから導き出されるインサイト、コンセプト、そしてそれに基づいた具体的なコンテンツアイデアや実行プラン、そしてコストやスケジュールなどがパワーポイントやキーノートのスライドで説明されるようなイメージでしょうか。

これまではそういった伝統的なフォーマットが重要視されてきました。しかし、この「起承転結」を意識した企画書の流れは本当に提案相手が求めるものなのでしょうか。業務が細分化し仕事の効率が求められる中、先入観を持たずに考え直してみましょう。

僕が最近感じているのは、提案ももっとスピーディーにダイナミックになってもいいのではないかなということです。そうして提案の受け手の立場になって考えた時、大事なのは結論であり、余計なイントロはいらないのです。結論を最初に持ってきてみましょう。

いきなり最初に曲のサビ（曲の聴かせどころ）が来ることを音楽では「頭サビ」と言いますが、最初にメインのテーマを持ってきて、その後何度も繰り返すことでその曲自体が印象的になります。

企画書も、いきなりサビから始めてみるのです。

そのためには企画書の「起承転結」を捨て

ましょう。

このアイデアが最終的にはどうなるのかを最初に提示して、あなたのアイデアの世界に引き込んでいくのです。最初にしっかりとみんなでゴールイメージを共有した上で、分析やストラテジー、具体案を聞くとぐっと実感がともなってきます。何より、最初の数分を聞くだけで全体像が把握できることで、よりスピーディーな判断をもらうことも可能になってきます。

そしてこれはコンテンツ自体も同じです。

現在私たちはスマートフォンで大量のコンテンツを毎日消費しています。特にスマホネイティブ・ソーシャルメディアネイティブの若い世代は、すごいスピードでスマホ画面をスクロールしています。数年前と比べるとスマホのスクロールのスピードが速くなっているとも聞きますし、実際に他の人がスマホを操作している姿を見ていると、「えっ、そんなスピードで読めてるの?」というペースで情報をスクロールしていることに驚かされます。一説にはゼロコンマ数秒でそのコンテンツを見るか、スルーするかを判断していると言います。

こんな環境の中ではコンテンツも「起承転結」と言っていられません。まず「オチを最初に見せてしまう」ことが必要になってきます。そうして親指を止めてもらった上で、伝えたい要素をアピールする、そんな新しいストーリーラインを持ったコンテンツが今後さらに多くなってくるのではないでしょうか。

もちろん企画の目的としては、親指を止めるだけではなく生活者の心を動かして行動を促すことも必要です。ただ、まずは情報の洪水の中でいかにアテンションを獲得できるかの勝負に勝たないことには、その先に行けないことも事実なのです。

捨てる格言

企画書もコンテンツもいきなりサビから始めよう

#「予測」を捨てよう

いいアイデアだったんだけど、いざ実際にやってみたら意外につまらなかった、思ったような成果が出なかった、そんな経験はありませんか？

どうしても事前の情報や戦略は自分たちにとっていい方向にバイアスをかけて考えがちなので、実際に世の中に出した時とは反応が違うものです。もちろん予想以上に成功するということもあるのですが、事前にアイデアが機能するかしないかは知っておきたいものです。

こんな時は事前に「予測」することを捨てましょう。

あれこれ考えて結果を予測するよりは、実際にアイデアをプロトタイピングしてその受容性を確認してみるのです。

プロトタイピングとはいきなり完成形を作るのではなく、事前に試作品（プロトタイプ）を作ることによってその製品やサービスの使い勝手を検証する手法です。プロトタイプを使ってもらい、フィードバックをもらうことによって、ユーザーのニーズに応じた改良が可能になってくるのです。

このプロトタイピングの手法をアイデアにも応用してみましょう。

アイデアのプロトタイピングには、まずアイデアをシンプルに言語化します。例えば、スマートフォンの場合は「電話とコンピューターをあわせたデバイス」といったように、一言で分かるようにまとめてみます。そして、それを人に話してみたり、SNSで投げかけてみるのです。

「それちょっと面白そうじゃない？」「ここに似た事例があるよ」といった好意的な反応から、ネガティブな反応、無反応などいろいろなフィードバックがあると思います。その反応を見ながらアイデアをブラッシュアップしていきましょう。友人や知人などからの素直なフィードバックは、普通の打ち合わせなどでは得られないようなフレッシュな切り口のきっかけになるかもしれません。

世の中にアイデアを問う前に、スモールループであなたのアイデアを検証してみましょう。

美味しそうなレシピでも、実際に作って人に食べてもらわないと本当の評価は分からないものです。まずはみんなに試食してもらいましょう。

考えるだけでなく「実行してみて考える」ことが大事なのです。

スピードを優先し、カタチにする。まずはラフでもいいので、アイデアのプロトタイピングをしてみましょう。考え抜くだけでなく、実際にテストをしてみて考えるという姿勢が変化の時代に求められているのです。

プロトタイピングはアイデアを実現可能な形に変換する手法です。このプロトタイピングによってアイデアの良いところと悪いところ・足らないところを知ることができます。そこをブラッシュアップしながら、アイデアの精度を高めることができれば、実施した時の成功確率も上がってくるのです。

捨てる格言

予測するより作ってみよう

「計画」を捨てよう

今はダイナミックな変化の時代です。状況が変わってしまったために、企画の前提が途中で変わってくることも多くなってきました。当初想定していた前提が変わってしまえば、当然アイデア自体も変わる必要があります。新しい競合相手が出てくる場合もあるでしょうし、流行りに乗っかろうとしていたら予想より早くブームが去ってしまい時機を逸することもあるでしょう。企画自体をその時その時に合わせていく必要があるのです。

また、アイデアを考えていく中でも、最初に立てていた仮説がフィットしなくなる場合もあります。そんな時にアイデアを優先して進めてしまうと、最終的には世の中に受け入れられない企画になってしまいます。

こんな時は「計画」することを捨ててしまいましょう。

事前にすべてを決め込んでアイデアを作りこむのではなく、大きな方向性やイメージだけを共有して、具体的な施策などはその場その場の状況に応じて変化させていくのです。

例えば、何かが急に話題になったらすぐにそれを企画に取り込んでいく、面白いテクノロジーがあったら使ってみる、流行っているプラットフォームがあれば真っ先に活用するといったように、臨機応変に対応していきます。

また逆に、アイデアが仮説に合わなくなってくれれば、仮説にあわせたアイデアに変える

のではなく仮説自体を変えてもいいのです。

ＭＩＴメディアラボ所長の伊藤穰一さんは「地図よりコンパス（Compasses over Maps)」と表現しているのですが、これは変化し続ける世界において「地図」は役に立たなくなってしまうので、地図がないと動けない人よりもコンパスを手に自ら動ける人こそ価値が出せるという意味です。

すべてを計画した「地図」を持つことは難しい時代になってきました。アイデア自体も具体的なアウトプットや企画そのものよりも、そのアイデアが持つ価値や目指すべき場所をしっかりと指し示す「コンパス」を持つことが必要とされてきているのです。

逆にすべてを計画しようとすれば、それは全方位に配慮した安全策になってしまいます。誰もが否定できない安全な施策ではあるけども、それはもはやアイデアとは言えないのではないでしょうか。その時の状況に応じた施策こそが求められているのです。

捨てる格言

計画を捨てて、大きな海原に漕ぎ出そう

何かを世の中に出した時に思わぬ反応がある。こういったことは珍しくなくなってきました。その時にでも、自分たちが目指してきたものがメンバーの中で明確に共有化されていれば、大きなブレはなく対応できていくものなのです。

安全策を捨てて、時代の波をしっかりとつかまえていきましょう。

あとがき

捨てたアイデアもムダではない

いろんなアイデアを考えても、実際に残るのはたったひとつのアイデアだけです。

それでは、捨てられたアイデアは無駄だったのでしょうか？

僕はそうではないと思います。

たくさんのアイデアを考えて捨ててきたからこそ、ひとつの素晴らしいアイデアにたどり着いたということですし、ここで捨てられた多くのアイデアがあったからこそ化学反応が起きてきたということなのです。

そして、多くのアイデアからひとつのアイデアを「選ぶ」プロセスにも大きな学びがあるはずです。どんな基準でアイデアを捨てるのか、キープするのか、改良するのかなどを考えるのは大事なことです。

また、今回の企画では活用できなかったアイデアもまた別の場面で使える日が来るかもしれません。

捨てたアイデアはしっかりとあなたのアタマの中に残って、新しいアイデアを考える「ぬか床」になっていることでしょう。

捨てたアイデアは無駄ではないのです。

この本では、ひとつのアイデアにたどり着くためにさまざまな先入観を捨てましょうということをお話ししてきました。ひとつひとつの項目も大事なのですが、一番重要なのは多くの人が「当たり前」と思っていることを疑ってみる姿勢なのです。

現代は変化の時代です。これまでと同じやり方をしているだけではうまくいきません。また、多くの情報や制約に囲まれて息苦しい世の中と感じる人も増えています。

これまでの自分を捨てて、自分が変わっていくことを楽しんでいきましょう。いろんなことを捨てていく習慣が身につくと、いらない情報やアイデアを捨てていけるようになります。そして、どんどん必要のない情報を捨てていくと、自分自身がスッキリ、前向きになるのを感じられるようになってくるのです。

捨てるということは自由になるということなのです。

これからもどんどん捨てていきましょう！
捨てることによって、自分を変えよう！

参考文献

●『コトラーのマーケティング・コンセプト』
フィリップ・コトラー（東洋経済新報社）

●『自分が信じていることを疑う勇気』長谷川雅彬（きこ書房）

●『ざんねんな努力』川下和彦・たむらようこ（アスコム）

●『考具』加藤昌治（CCCメディアハウス）

●『アイデアのつくり方』ジェームス・W・ヤング
（CCCメディアハウス）

●『アイデア大全』読書猿（フォレスト出版）

●『アイデアは考えるな。』柳澤大輔（日経BP社）

●『9プリンシプルズ』 伊藤 穰一 / ジェフ・ハウ（早川書房）

●『脳を最高に活かせる人の朝時間』 茂木健一郎 （河出書房新社）

●『「超」整理法』 野口悠紀雄 （中央公論社）

著者プロフィール

堀　宏史（ほり　ひろし）
広告クリエイター

1993年慶應義塾大学　経済学部卒。

これまでに広告業界でリアルとデジタルを融合させた新しい広告を実現し、カンヌライオンズ、アドフェスト、ロンドン広告祭、クリオ、東京インタラクティブアドアワードグランプリ、文化庁メディア芸術祭グランプリ、モバイル広告大賞など受賞歴多数。カンヌライオンズ、スパイクス、アドフェスト等で審査員を務めるとともに、adtech等の国際カンファレンスでスピーカーとしても活躍している。

著書『すぐメモする人がうまくいく』（自由国民社）

アイデアは捨てるとうまくいく

発行日　2019年3月22日

著者　堀宏史
発行者　東彦弥
発行所　株式会社宣伝会議
〒107-8550　東京都港区南青山3-11-13
TEL. 03-3475-3010（代表）
https://www.sendenkaigi.com/
イラスト　ヤギワタル
デザイン　ごぼうデザイン事務所
印刷・製本　株式会社暁印刷

ISBN 978-4-88335-466-5　C2063